AF618453

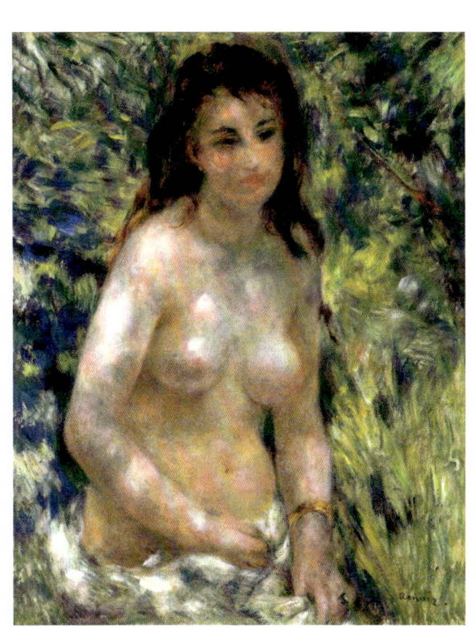

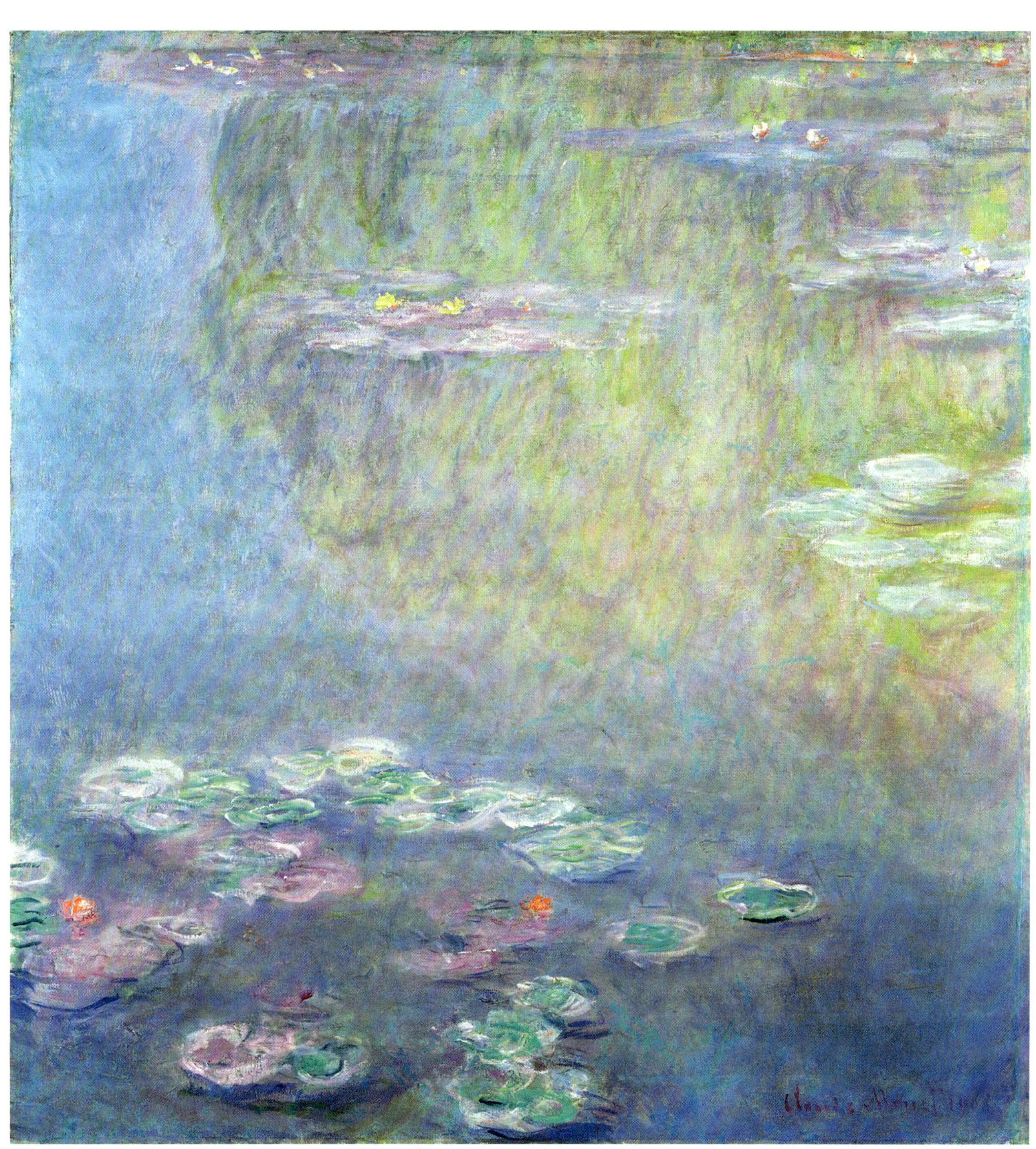

Karin H. Grimme
Norbert Wolf (Ed.)

Impresionismo

TASCHEN

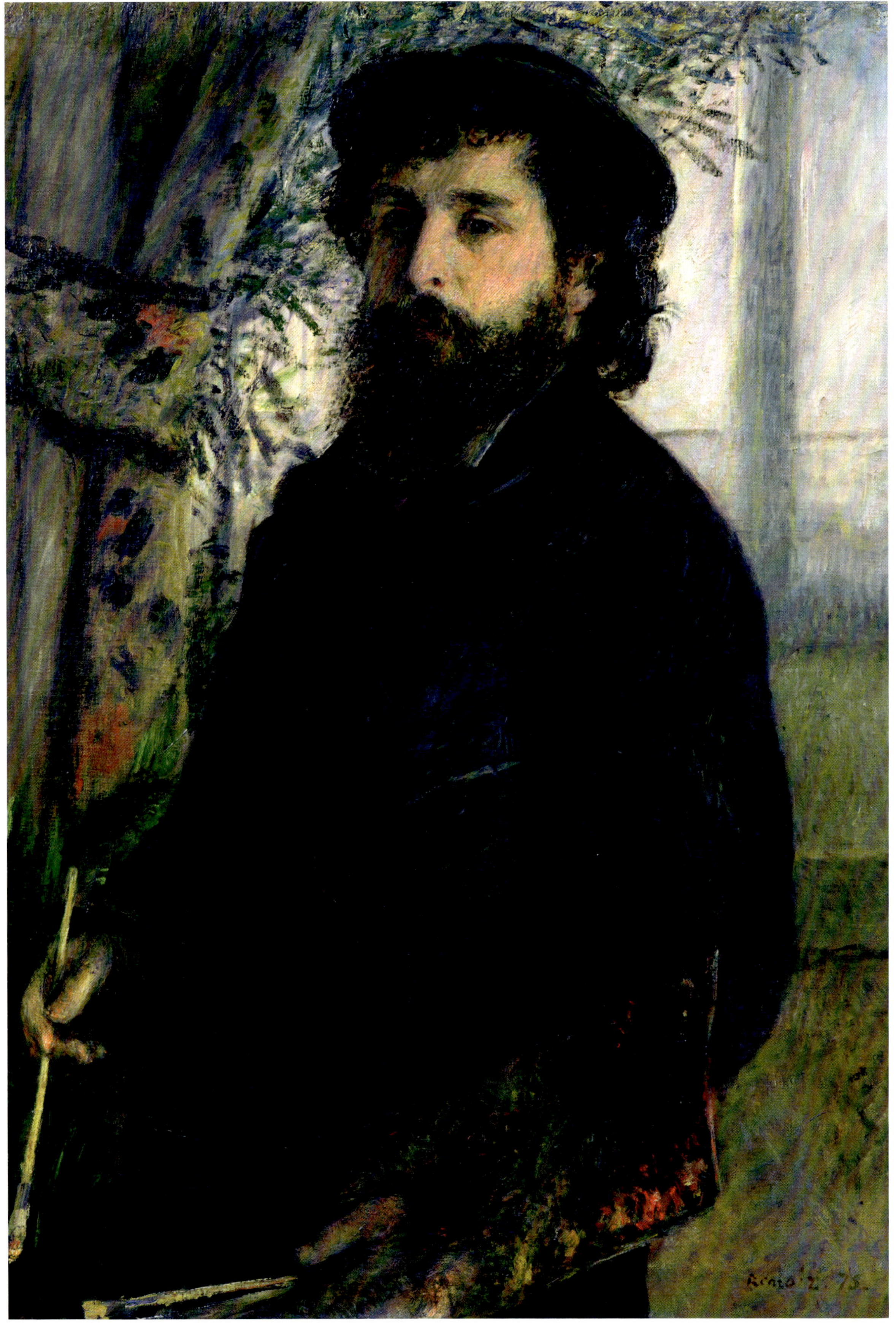

Índice

6 **Cuadros hechos de luz y color**

30 **Frédéric Bazille** — Naturaleza muerta con pescado
32 Reunión de familia

34 **Marie Bracquemond** — La merienda

36 **Gustave Caillebotte** — Los acepilladores de parqué
38 Hombre secándose la pierna

40 **Mary Cassatt** — Mujer con collar de perlas en un palco
42 Mujer sentada con un niño en brazos

44 **Edgar Degas** — Bailarina descansando
46 El ajenjo

48 **Vincent van Gogh** — Retrato del Père Tanguy

50 **Armand Guillaumin** — Puesta del sol en Ivry

52 **Vassily Kandinsky** — La iglesia de San Luis en Múnich

54 **Max Liebermann** — Abedules en el jardín de su casa en Wannsee hacia el oeste

56 **Claude Monet** — El Puente de Europa, Estación Saint-Lazare
58 El jardín de Monet en Vétheuil

60 **Berthe Morisot** — Psiqué (El espejo de vestir)

62 **Giuseppe de Nittis** — Flirteo

64 **Camille Pissarro** — La escarcha
66 La carnicera

68 **Pierre-Auguste Renoir** — Lise con sombrilla
70 El Sena en Asnières (La Yola)

72 **Medardo Rosso** — Aetas Aurea (Edad de oro)

74 **John Singer Sargent** — En el Jardín de Luxemburgo

76 **Giovanni Battista Segantini** — La cosecha del heno

78 **Georges Seurat** — Un baño en Asnières

80 **Walter Richard Sickert** — La galería de Old Bedford

82 **Paul Signac** — Capo di Noli, cerca de Génova
84 El Palacio de los Papas en Aviñón

86 **Alfred Sisley** — El estanque de Marly-le-Roi
88 El camino a la vieja barca

90 **Max Slevogt** — Desfile

92 **Fritz von Uhde** — El camino del jardín

94 **Federico Zandomeneghi** — Plaza de Amberes en París

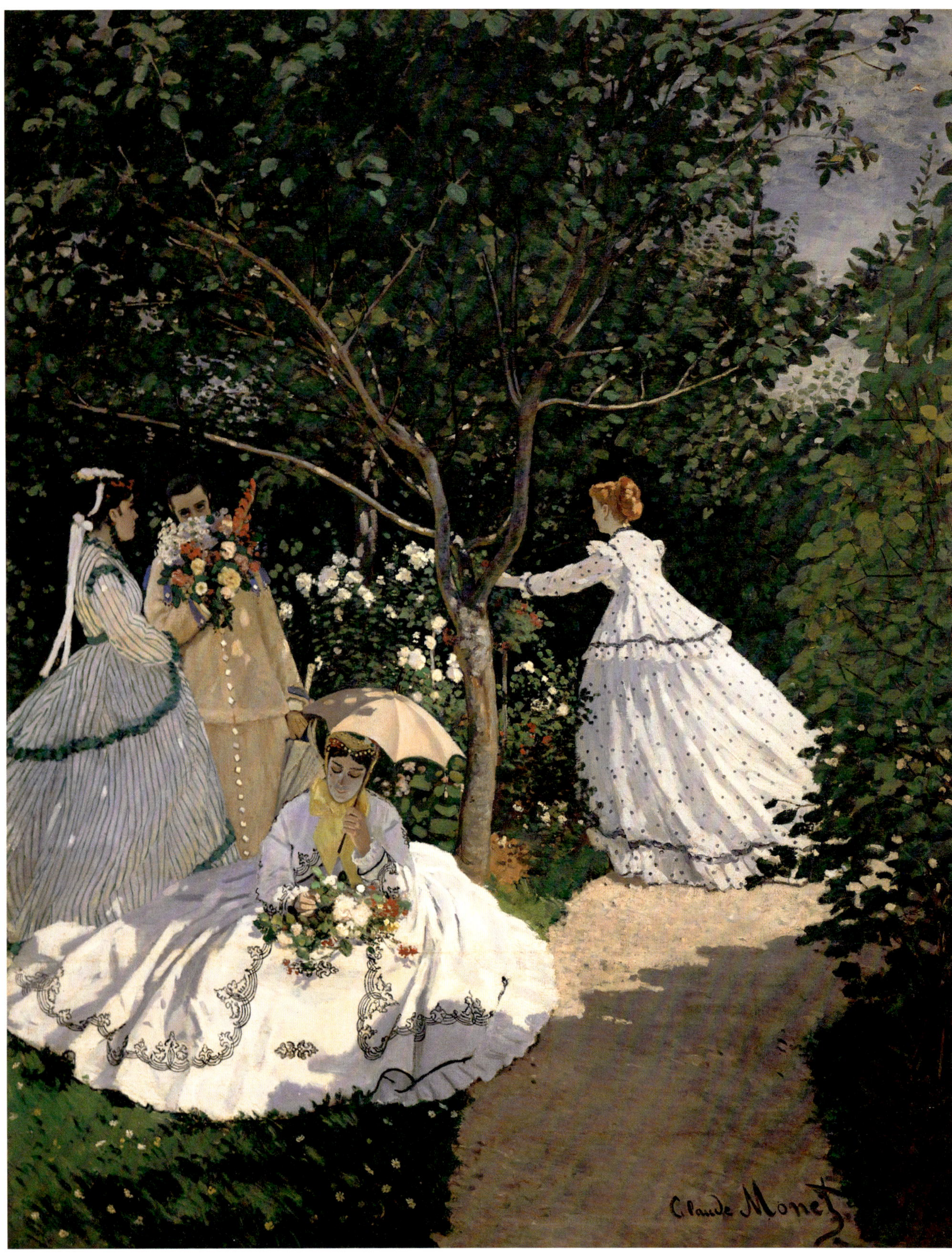
Claude Monet

Cuadros hechos de luz y color

Claude Monet
Mujeres en el jardín, hacia 1866
Óleo sobre lienzo, 255 x 205 cm
París, Musée d'Orsay

A orillas del Sena
Claude Monet, uno de los pintores más conocidos del impresionismo, escribió en una carta en 1926, poco antes de su muerte: «Siempre detesté las teorías … Solo tengo el mérito de haber pintado directamente en la naturaleza y de haber intentado reproducir mis impresiones de los estados de ánimo más efímeros; me siento muy apenado por haber sido el causante de un concepto que se aplicó a un grupo, cuyos miembros en su mayoría no eran impresionistas». Efectivamente, no existe ninguna categoría de validez universal sobre el impresionismo ni tampoco ninguna definición sobre quiénes son realmente los impresionistas. Sobre su arte, Pierre-Auguste Renoir dijo, a su vez: «No tengo reglas ni métodos. Cualquiera puede examinar qué empleo u observarme mientras pinto: verá que no tengo secretos» (il. pág. 4, pág. 9 y pág. 18).

Las delimitaciones respecto de otras corrientes artísticas son tan poco claras como el agua del Sena sobre la que se refleja la luz, un motivo que los pintores impresionistas de la Francia de finales del siglo XIX representaron repetidamente. Del mismo modo que la luz se refleja en la superficie del agua, también este pequeño grupo de pintores influyó sobre su entorno con sus exposiciones, celebradas entre los años 1874 y 1886. No solo influenciaron a otros artistas en todo el mundo, sino que enseñaron a la sociedad burguesa de su tiempo una nueva forma, más moderna, de pintar y de ver. Provocaron así tanto revuelo que se les consideró revolucionarios y quedaron prácticamente excluidos del mundo artístico tradicional, académico. Los artistas impresionistas formaron una oposición al mundo artístico conservador.

El concepto «impresionismo» se aplicó a toda la corriente artística que comenzó en la Francia de la década de 1860, a pesar de que —como dijo Monet— la mayoría de los artistas así calificados no eran en absoluto impresionistas. Monet sentía haber dado la ocasión para ello con su lienzo *Impression, soleil levant* (Impresión, salida de sol), que se presentó en su primera exposición conjunta, en 1874. El crítico de arte francés Louis Leroy, basándose en ese título, habló peyorativamente de una «exposición de los impresionistas»: «Oh, fue un día agotador en que, acompañado del pintor paisajista Joseph Vincent …, acreedor de medallas y galardones de diferentes gobiernos, osé dirigirme a la primera exposición del Boulevard des Capucines … Pensaba encontrar, como en todas partes, buena y mala pintura —más bien mala que buena—, pero no tales delitos … contra los grandes maestros y la forma». También el público adoptó esa misma actitud negativa. Los artistas hicieron suya esa denominación, originariamente negativa, pues la impresión era un aspecto central de su arte y no solo el título de uno de los lienzos expuestos.

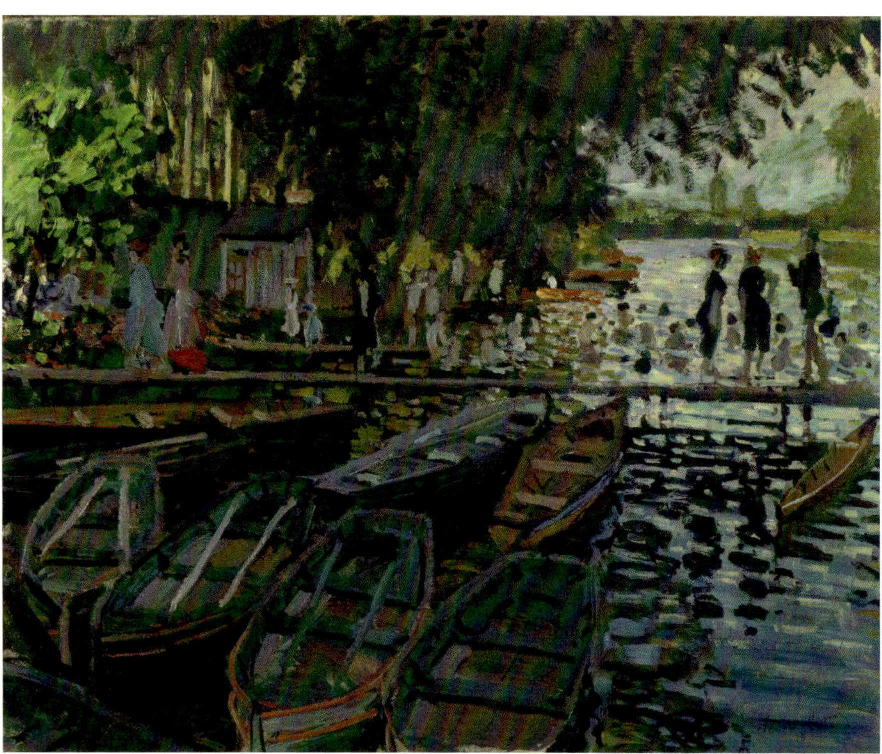

Claude Monet
La Grenouillère, 1869
Óleo sobre lienzo, 73 x 92 cm
Londres, The National Gallery

«Monet es solo ojo, pero ¡qué ojo!».
— PAUL CÉZANNE

«La perfección se basa en la unidad»
Eso escribió el pintor Eugène Boudin sobre el grupo de los impresionistas. Dijo incluso que, sin los otros, ninguno habría alcanzado la perfección que consiguió. Individualmente, los artistas no habrían estado en condiciones de imponerse contra el poder de la Academia y contra el rechazo del público, de los coleccionistas y marchantes de arte. Sin embargo, gracias a su fuerte cohesión y a su postura coherente, obtuvieron la fuerza para sobreponerse al desinterés del mercado del arte, y en último término para superarlo. Lo específico del movimiento impresionista es que se trató de un grupo de artistas unidos entre sí por la amistad. Claude Monet, Pierre-Auguste Renoir, Edgar Degas, Alfred Sisley y Camille Pissarro trabajaron y vivieron juntos, sufrieron juntos el menosprecio de su arte durante muchos años y se unieron para organizar sus propias exposiciones y oponerse así al hecho de haber sido permanentemente excluidos de las exposiciones anuales de la Academia francesa del arte. Estaban profundamente convencidos de que sus obras eran dignas de ser presentadas.

En 1867, Frédéric Bazille habló a sus padres del plan de sus amigos de organizar una exposición especial: «No he enviado ya nada más al jurado. Es realmente ridículo … estar expuesto a sus caprichos … Esta opinión no solo la defiendo yo, sino también una docena de jóvenes de mucho talento. Por este motivo, hemos decidido alquilar todos los años un gran estudio, en el que podremos exponer tantos trabajos como queramos». El plan de exposición no pudo llevarse a cabo, porque los amigos no consiguieron reunir el dinero suficiente. Años más tarde volvieron a intentarlo de nuevo; a finales de diciembre de 1873, Monet, Renoir, Sisley, Degas, Morisot, Pissarro, Beliard, Lepic, Levert, Rouart y Guillaumin fundaron la «Société anonyme des artistes, peintres, sculpteurs, graveurs etc.».

Esta sociedad constituyó el marco organizativo para las ocho exposiciones que se celebraron entre 1874 y 1886. Quedó fijado que todos los artistas participarían en los gastos y que el diez por ciento de las ventas que se hicieran iría a la caja común; el lugar en que se colgarían las obras se decidiría por sorteo, para evitar posibles disputas. El fotógrafo Nadar puso gratuitamente a disposición su estudio, que acababa de dejar libre porque iba a trasladarse a otro local. Las salas se encontraban en la segunda planta de un edificio del Boulevard des Capucines. En estas —como hoy se denominan— exposiciones de los impresionistas participaron también muchos artistas no impresionistas.

El 15 de abril de 1874 todo estaba listo: con 165 lienzos se inauguró la primera exposición de los impresionistas. Edmond Renoir, hermano de Pierre-Auguste Renoir, confeccionó el catálogo. La exposición estuvo abierta durante cuatro semanas; el número de visitantes fue más bien modesto: solo acudieron unas 3500 personas a ver las obras fuera de lo común de los jóvenes artistas, cifra casi insignificante comparada con los aproximadamente 400 000 visitantes del Salón oficial. Hasta 1886 participarían, en total, 55 artistas en las exposiciones de los impresionistas. En la primera, en 1874, estuvieron representados 30 artistas; en la segunda, celebrada en 1876, ya solo eran aproximadamente la mitad. Al comienzo, los socios fundacionales lograron convencer a otros pintores de la idea de una exposición autónoma. Más tarde, los componentes se limitarían al grupo, más pequeño, de amigos.

A pesar de las diferencias entre los miembros del grupo y de su disolución a finales de la década de 1880, los impresionistas se mantuvieron unidos entre sí. Monet acudió en 1899 al lecho de muerte de Sisley, para demostrarle una última vez su amistad. Renoir actuó en 1893 como albacea de Caillebotte, para imponer su última voluntad; pero fracasó en el intento de entregar toda la colección de arte de Caillebotte al Estado francés y conseguir así que muchas obras impresionistas fueran acogidas por un museo. Los funcionarios y políticos responsables de Arte no podían imaginarse esas obras, que en su mayoría no reconocían como arte serio, en un museo. Que —como dijo críticamente

Pierre-Auguste Renoir
La Grenouillère, 1869
Óleo sobre lienzo, 65 x 92 cm
Winterthur, Colección Oskar Reinhart «Am Römerholz»

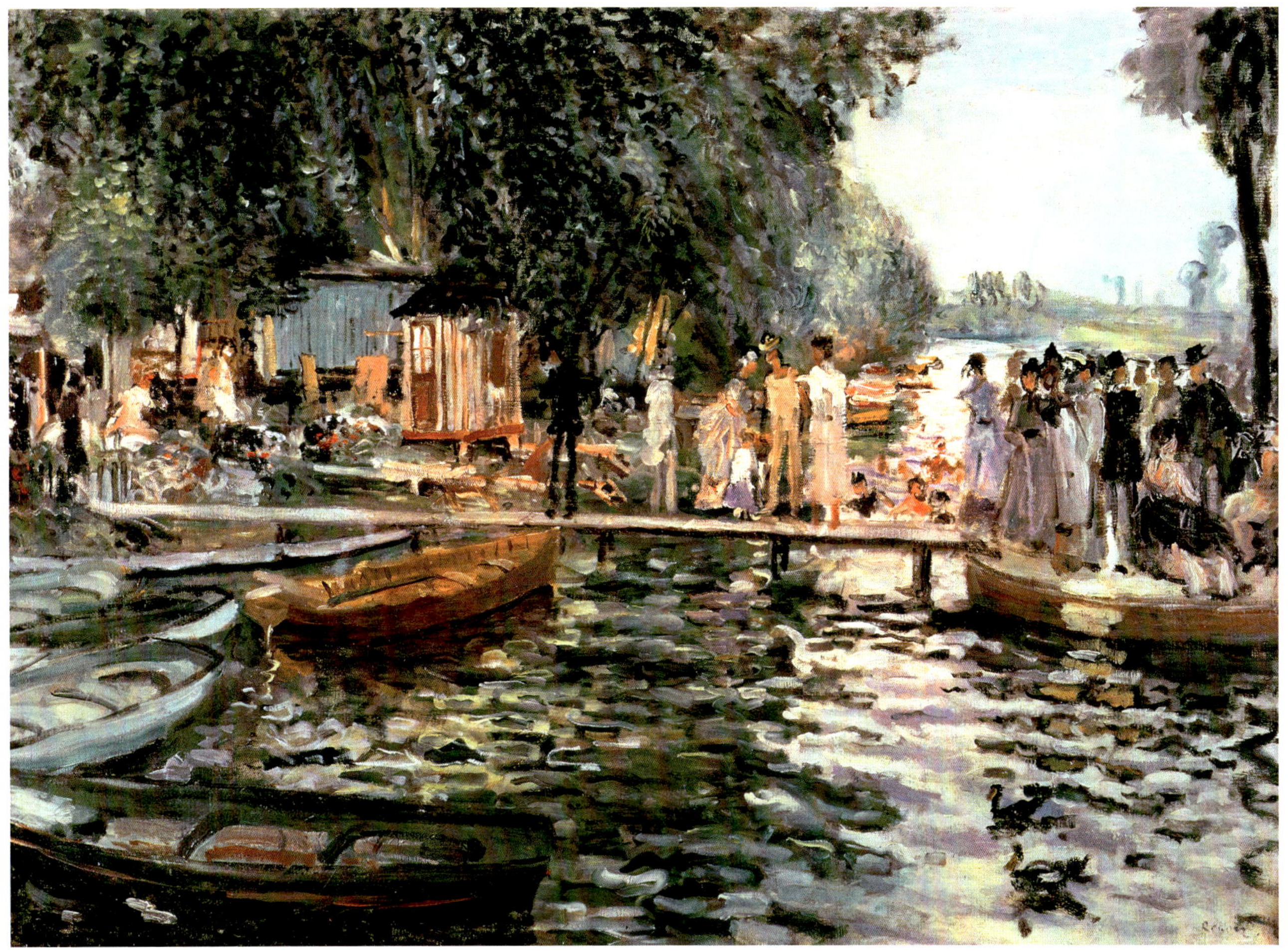

entonces Gauguin— los impresionistas fueran «los artistas oficiales de mañana» era algo que parecía aún muy lejano. Gauguin se había apartado del impresionismo en 1895, pero no se avergonzaba de sus comienzos impresionistas: «¡Él [Pissarro] tomó algo de unos y otros, se dice! ¿Y por qué no? Todos se dirigieron por lo que él hacía ... Fue uno de mis maestros y no reniego de él».

Camille Pissarro fue denominado, también por otros artistas y críticos, «el padre del impresionismo». Los trabajos de Pissarro allanaron el camino al arte moderno del siglo XX. Marcó tanto a Gauguin y Cézanne como, viceversa, recibió influencias de ellos. Muchos de los cuadros impresionistas reflejan el trabajo en común de los distintos artistas, como se puede observar en las obras que Monet y Renoir hicieron de La Grenouillère (il. pág. 8 y pág. 9), los baños con restaurante cercanos a Chatou, al oeste de París. Los dos pintores eligieron no solo el mismo motivo, sino también una técnica pictórica muy similar. Del mismo modo, cuando se observan *La casa del ahorcado* (il. pág. 11) de Cézanne y la obra de Pissarro *Ladera del Hermitage* (il. pág. 10), llama la atención la similitud de su modo de trabajar. En numerosos cuadros impresionistas salta a la vista la sorprendente cercanía de su manera pictórica, de la técnica y de la elección de motivos. Pissarro decía al respecto que era falso pensar que los «artistas son los únicos inventores de su estilo y que les falta originalidad si se parecen a otros».

Por recalcarlo una vez más: el impresionismo es también la historia de una amistad. Algunos de esos amigos son hoy en día célebres; otros han caído prácticamente en el olvido. Artistas como Gustave Caillebotte, Frédéric Bazille, Félix Bracquemond o Armand Guillaumin apenas se mencionan, injustamente, en la Historia del Arte. Lo mismo puede decirse de artistas féminas, frecuentemente relegadas en el interés del público, como Berthe Morisot, Mary Cassatt, Marie Bracquemond o la polaca Olga Boznańska (il. pág. 24). Muchos de esos nombres apenas son conocidos para un público amplio... ¡un hecho sorprendente si se tiene en cuenta la popularidad de que goza actualmente esta corriente artística!

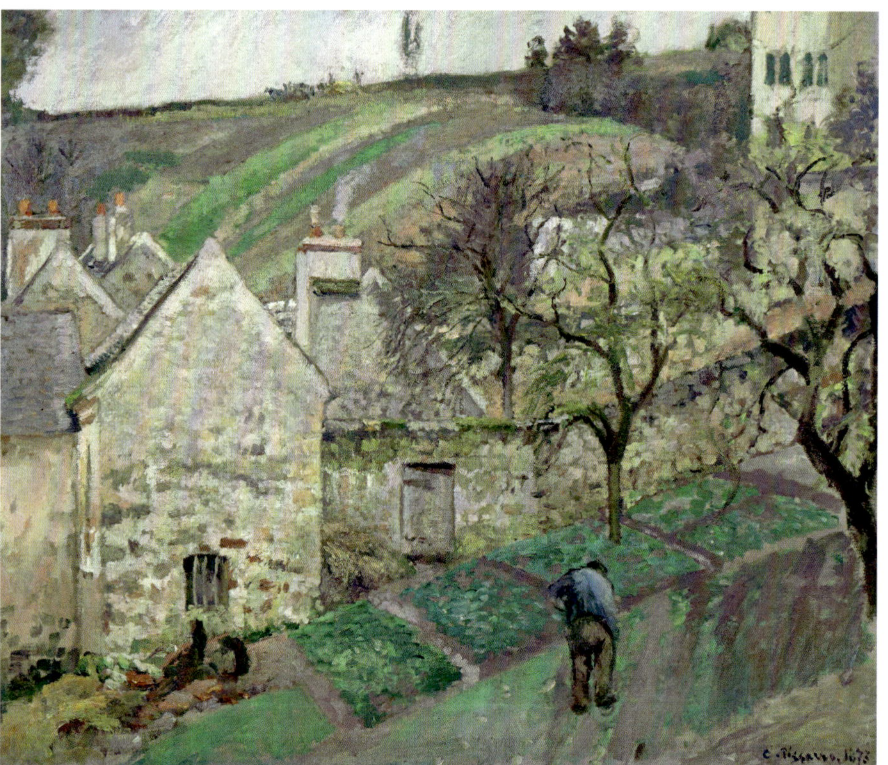

Camille Pissarro
Ladera del Hermitage, Pontoise, 1873
Óleo sobre lienzo, 61 x 73 cm
París, Musée d'Orsay

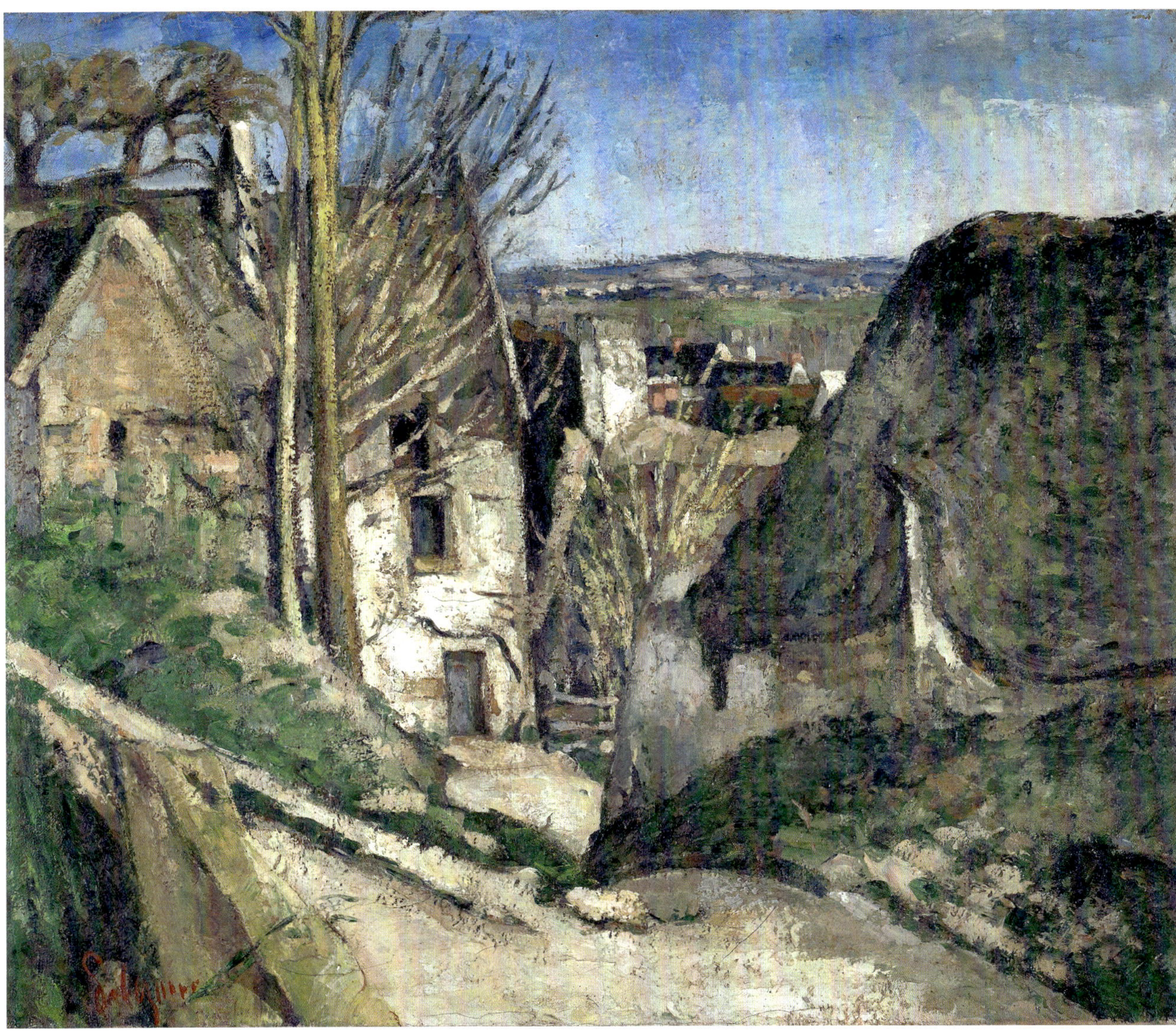

Paul Cézanne
La casa del ahorcado, Auvers-sur-Oise, 1873
Óleo sobre lienzo, 55,5 x 66,3 cm
París, Musée d'Orsay

Aspectos modernos

Como no existe ni un conjunto de normas ni un programa artístico determinado que defina el movimiento impresionista, resulta sumamente interesante la cuestión de qué es realmente esta corriente. En lugar de una definición precisa, que —si se sigue a Monet y Renoir— tampoco la hubo en el siglo XIX, solo se pueden aducir algunos criterios, de diferente peso, para aplicarlos a un cuadro impresionista.

Del vocabulario impresionista forma parte, sin duda, la impresión inmediata y viva de un momento, que frecuentemente se plasma como en una sección aparentemente casual de un acontecimiento. Se trata de escenas y figuras de la vida ordinaria moderna, a diferencia de las descripciones de la historia antigua o de mitologías, que ocuparon el centro de atención en el arte tradicional hasta finales del siglo XIX. Los impresionistas fueron los primeros en considerar a trabajadores y prostitutas, a paseantes en la calle o en una cafetería como dignos de ser objetos del arte. «Elegí algo de nuestro tiempo porque es lo que mejor comprendo y porque me parecía lo más vivo para los vivientes», escribió Frédéric Bazille.

Los lugares de la vida moderna se llevaron al cuadro de un modo tan moderno como fuera de lo común: ferrocarriles y puentes, calles y parques, estaciones y catedrales, vestíbulos de la ópera y cafés, los placeres del baño, la vida en la playa, regatas de veleros y carreras de caballos (il. pág. 27). La vida en la gran ciudad que era París, los paseantes anónimos de la ciudad, sus actividades del tiempo libre y sus diversiones pasaron a ocupar el centro de atención de la representación impresionista. La innovación de los impresionistas no radicaba tan solo en la elección del motivo, pues ya antes hubo representaciones de catedrales o de cafés. A ello se vino a añadir una ejecución y un objetivo específicos: «... Las intenciones comunes del grupo, que le proporcionan una energía colectiva en medio de nuestro tiempo, consisten en buscar no una ejecución relamida, sino en conformarse con un determinado aspecto general. Una vez plasmada la impresión, su actividad parece terminada. Si se quisieran caracterizar sus intenciones con una palabra, habría que crear el nuevo concepto de impresionistas. Son impresionistas en el sentido de que no reproducen un paisaje, sino la impresión que este causa» (Castagnary).

En comparación con las reglas de la pintura tradicional, que habían tenido validez hasta entonces, los trabajos de los impresionistas parecen bosquejos, dibujos espontáneos «sin terminar», como si se hubieran realizado en unos pocos minutos y se hubieran quedado en la fase de boceto. Las rápidas pinceladas y la renuncia a la terminación pictórica se corresponden con el momento efímero, con la velocidad de la vida moderna.

Los conceptos de velocidad y dinamismo eran, para las personas del siglo XIX, prácticamente sinónimos de modernidad. El movimiento se escenifica y celebra mediante la representación de barcos y trenes, caballos y bailarinas. Más aún: el movimiento del pincel en la mano del pintor es visible como pincelada o mancha de color; la espontaneidad se convierte en característica del proceso pictórico. El impresionismo aúna movimiento dinámico en el motivo y en la realización.

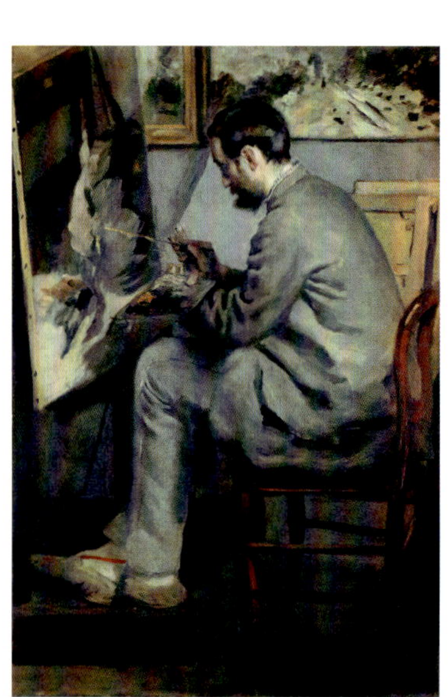

Pierre-Auguste Renoir
Frédéric Bazille en su caballete, 1867
Óleo sobre lienzo, 105 x 73,5 cm
París, Musée d'Orsay

Comparados con Jean-Auguste-Dominique Ingres (1780-1867), el principal representante del clasicismo francés del siglo XIX, que tardaba años hasta concluir un lienzo y que terminaba la superficie de sus cuadros con un acabado esmaltado, liso, en el que no se aprecia ninguna pincelada, los jóvenes artistas podían ser considerados como pintores «rápidos». No les interesaba una reproducción fiel a la naturaleza o idealizante, tal y como todavía Ingres buscaba, sino un sentimiento espontáneo, actual. Los impresionistas intentaban reproducir la impresión más inmediata posible, que partía del objeto. Al situar una «impresión» tal, como sentimiento subjetivo, en el centro de su pintura, subrayaban el aspecto de la individualidad, que es una característica general de las sociedades modernas. De este modo, el arte impresionista refleja el proceso del cambio social.

Inseparablemente unido a la intención artística del impresionismo está el tratamiento del color y de la luz. Que, frente a estos, las formas, los contornos y las líneas desempeñaran un papel secundario fue una de las novedades que, a los observadores de su época, les pareció incomprensible, casi ridícula. A sus 20 años, Edgar Degas recibió de Ingres, a quien tanto admiraba, un encarecido consejo: «Pinte líneas, joven, muchas líneas, sacadas de la memoria o de la naturaleza; así se convertirá en un buen artista». Degas se mantuvo fiel a este lema, a diferencia de sus amigos.

Por el contrario, para la mayoría de los pintores impresionistas, el color y la luz eran los medios preferidos para plasmar el momento efímero, la rapidez del tiempo. Además, con la luz y el color se puede reproducir mucho más fácilmente que con contornos exactos y dibujos la deseada impresión subjetiva. Frédéric Bazille lo explicó así, en una carta de 1866 dirigida a sus padres: «Por otro lado, creo que el motivo no importa mucho para que mi trabajo resulte interesante como pintura».

El motivo, ya sea un objeto aislado o una escena, pasa a un segundo plano frente al color, a la luz y a la ejecución pictórica. Para Bazille y Monet, el color y la luz poseían una mayor importancia que el motivo mismo. Lo que hoy en día resulta «normal» al observador, por responder a las costumbres visuales actuales, era en el siglo XIX una sensación inaudita, una revolución de la vista. Cuando Pierre-Auguste Renoir representó su *Torso de mujer al sol* (hacia 1875/76, París, Musée d'Orsay; il. pág. 1) con manchas verdes, azules, rojas y blancas sobre la piel, estaba plasmando los reflejos de la luz y de los colores que caracterizaban el entorno. «Observo un cuerpo desnudo y veo innume-

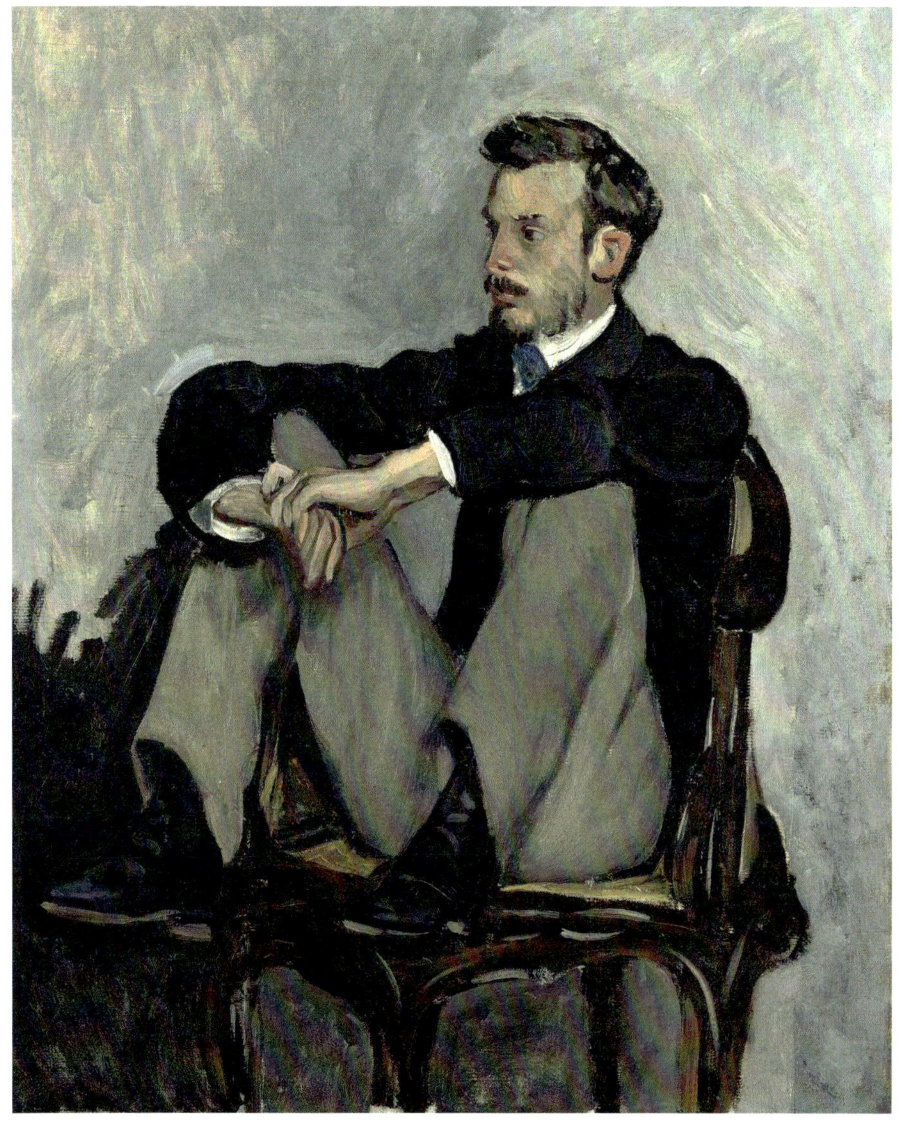

«El pintor, el verdadero pintor, será aquel que sepa extraer de la vida su lado épico, el que —con pintura o dibujo— nos haga comprender lo grandes y lo poéticos que somos con nuestros lazos al cuello y nuestros zapatos de charol».

— CHARLES BAUDELAIRE

Frédéric Bazille
Retrato de Pierre-Auguste Renoir, 1867
Óleo sobre lienzo, 62,2 x 50,8 cm
París, Musée d'Orsay

rables tonos pequeñísimos de color. Tengo que encontrar aquellos que darán vida a la carne sobre mi lienzo». Hasta qué punto este modo de ver resultaba inusual e incluso consternaba, se puede apreciar en la reacción del crítico de arte Albert Wolff, quien en un artículo sobre la segunda exposición de los impresionistas, celebrada en 1876, interpretaba en *Figaro* las manchas de color sobre la piel como «carne en descomposición».

La gran importancia que obtuvo el colorido en el arte impresionista iba unida al aumento de colores en el mundo moderno. Ya a comienzos del siglo XIX, diversos avances químicos y técnicos pusieron a disposición un número muy elevado de nuevas sustancias colorantes. Colores sintéticos como el malva (desde 1856) y el rojo de alizarina (desde 1868), que se caracterizaban por una mayor durabilidad, inundaron el mercado. Los tejidos y la vestimenta adquirieron un mayor colorido; gracias a la producción en masa se abarataron, por lo que ahora estaban al alcance de un público amplio. Un espectador de la primera exposición de los impresionistas (1874) dijo, más o menos humorísticamente, que los artistas habían cargado una pistola con varios tubos de colores y la habían disparado sobre el lienzo; después no habían hecho más que añadir la firma. Esta observación contiene una cierta verdad: el hecho de que el público quedó ópticamente superado por la intensidad de los colores y de que el libre colorido no dependía del objeto, sino de la luz.

Monet empleó en su paleta, ya desde finales de la década de 1860, el nuevo verde viridiana, disponible desde 1862. Este óxido de cromo, a diferencia del tradicional «verde esmeralda», no era tóxico y no producía reacciones químicas al contacto con otros pigmentos. El violeta —un fosfato de cobalto— que Monet empleó para las flores color malva en el lienzo *La Grenouillère* (il. pág. 8) acababa de salir al mercado. Otro avance facilitó el trabajo al aire libre, preferido por los impresionistas: en 1841 se ofrecieron por primera vez pinturas en tubos de metal que podían volver a cerrarse: ya no era necesaria la agotadora manipulación de pigmentos pulverulentos, que podía dispersar cualquier golpe de viento, ni tampoco había necesidad de mezclar las pinturas. Sin embargo, esto no significa que los impresionistas dejaran de utilizar los tradicionales colores de pigmentos.

Hasta el siglo XIX tenía validez el principio de que «el pintor nunca debe intentar pintar un paisaje al mediodía, porque los pigmentos no están en condiciones de reproducir este especial efecto de la luz; el sol nunca debe ser mostrado directamente» (John Gage, Kulturgeschichte der Farbe, 1993). Ahora, algunos jóvenes impresionistas asumieron ese reto. Renoir eligió, para la luz refulgente del sol de mediodía en el Pont Neuf, tonos blancos-grises-amarillos, en los que brillaban manchas rojas de color dispersas sobre la vestimenta o la bandera. La acera, la calle, las casas, las personas, los caballos, el carro sobre el puente: todo aparece bañado en la fuerte claridad del mediodía. La disponibilidad de los colores y de las adecuadas sustancias colorantes en la segunda mitad del siglo XIX sentó las bases materiales para el arte impresionista. A ello se vino a añadir la riqueza de ideas y la osadía de la joven generación para aprovechar las nuevas posibilidades, aunque atentaran así contra las doctrinas de los viejos maestros.

Además de utilizar motivos similares y de pintar de una manera comparable, los artistas impresionistas franceses también compartían entre sí al mismo comerciante de pintura: Julien Tanguy, llamado Père Tanguy, primero vendedor ambulante y a partir de 1871 propietario de un comercio en París. Tanguy ayudaba a los jóvenes artistas, que se encontraban continuamente en apuros económicos, cambiando sus cuadros —que la mayoría de sus contemporáneos consideraban carentes de valor— por pintura y lienzos. De este modo no solo era proveedor de pintura, sino que se convirtió en coleccionista de arte. Sin su apoyo no se habría pintado algún que otro cuadro; piénsese por ejemplo en que Renoir recogía los tubos de pintura que tiraban otros estudiantes y que tanto Monet como Pissarro arañaban la pintura de los cuadros terminados, para poder emplearla una segunda vez sobre el lienzo.

Continuidad e innovación

Desde el punto de vista actual, el impresionismo no surgió en absoluto de la nada. Todo lo contrario: se presenta como evolución continuada partiendo del realismo, del naturalismo y del neoclasicismo. Junto a las diferentes corrientes del arte francés, también influyeron sobre él las xilografías japonesas que pudieron verse por primera vez en Europa.

Por otro lado, los representantes del realismo, como Théodore Rousseau, Camille Corot, Johan Barthold Jongkind, Charles-François Daubigny y otros, dieron carta de naturaleza al paisaje, que hasta entonces gozaba de escasa consideración. En sus cuadros de este género aparece ya el reflejo de la luz, que desempeñará tan importante papel en el arte impresionista. Una parte de los pintores realistas se habían retirado al campo a mediados del siglo XIX, apartándose de las prisas de la gran ciudad. Vivían y trabajaban en Barbizon, en el bosque de Fontainebleau, por lo que se denominó a esta corriente artística «Escuela de Barbizon».

Los artistas de Barbizon trabajaban en la naturaleza, un modo de pintar que se denomina *plein air* («al aire libre»). El hecho de plasmar paisajes lo más naturales posible los «liberó» de los contenidos: el paisaje se escenificaba exclusivamente por sus efectos pictóricos. Esto significaba una libertad prácticamente absoluta con respecto a las reglas y a los imperativos del arte, tal y como se enseñaban tradicionalmente en las academias.

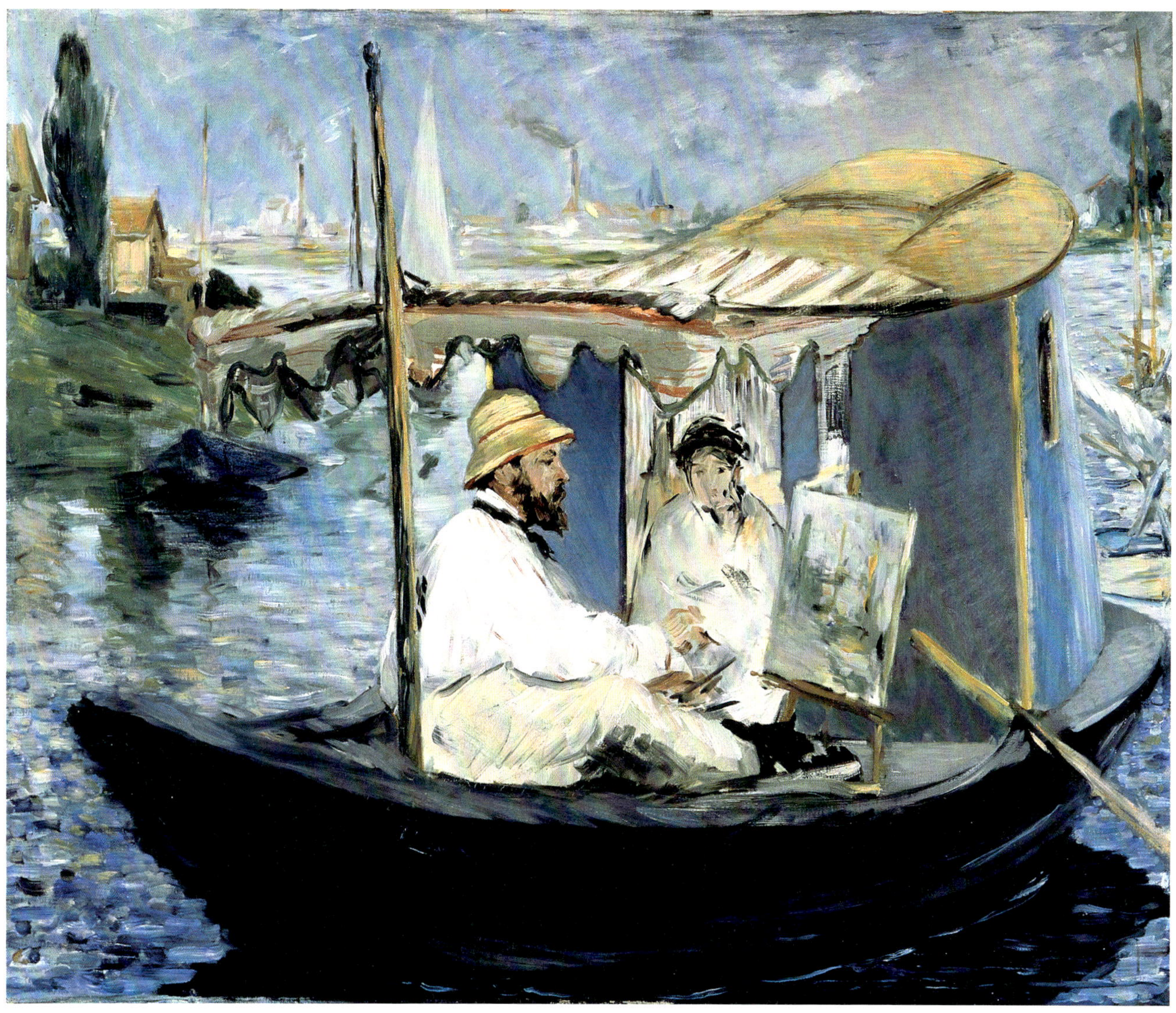

Édouard Manet
Claude Monet y su esposa en su estudio flotante, 1874
Óleo sobre lienzo, 82,7 x 105 cm
Múnich, Bayerische Staatsgemäldesammlungen, Neue Pinakothek

Rompieron con la pintura de estudio usual hasta entonces. Según las ideas de los pintores de Barbizon, la influencia de la luz había de plasmarse del modo más realista posible. Para garantizar la autenticidad del paisaje pintado era imprescindible colocar el caballete al aire libre. La atmósfera y los colores que este definía ya no se empleaban como meros medios para «llevar a la luz correcta» las escenas; la incidencia de la luz adquirió una cierta autonomía que preparó el camino al impresionismo.

El lienzo de Corot *Daubigny trabajando en su bote en Auvers-sur-Oise* muestra un motivo, el bote, que los impresionistas elegirían frecuentemente. Corot deja flotar la luz incidente sobre el agua y bosqueja los árboles del primer plano con rápidas pinceladas. El «maestro de la luz», como se le conocía, actuó sin duda como uno de los precursores del impresionismo. El cuadro de Corot presenta el trabajo de un compañero sobre el agua. Sobre un barco trabajarían más tarde tanto Claude Monet como el postimpresionista Paul Signac.

Édouard Manet, quien solo puede considerarse perteneciente al grupo de los impresionistas durante una breve fase, observó a Monet durante ese trabajo. *Claude Monet y su esposa en su estudio flotante* (il. pág. 15) es uno de los cuadros de Manet que más sigue el impresionismo. Manet decía: «La luz se le aparece con tal unidad que es suficiente un solo tono para representarla y es mejor —aunque parezca tosco— pasar bruscamente de

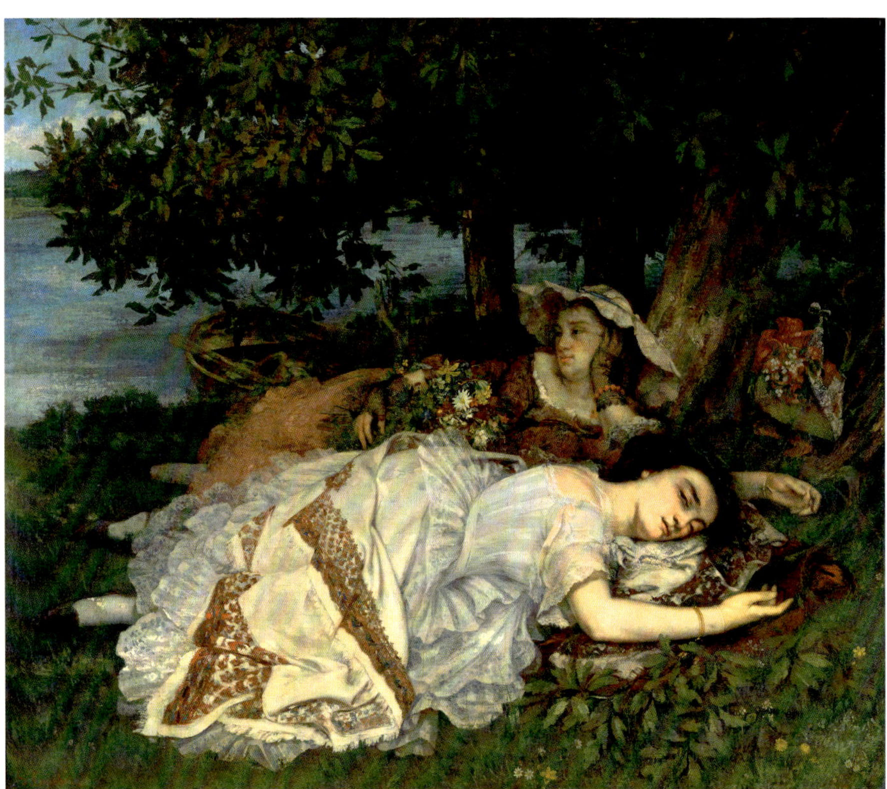

Gustave Courbet
Las muchachas a orillas del Sena (verano), 1857
Óleo sobre lienzo, 96,5 x 130 cm
París, Musée du Petit Palais

«Lo bello está en la naturaleza; en la realidad se encuentra en las más diversas formas. Tan pronto como se aprecia le pertenece al arte, o mejor dicho al artista que es capaz de reconocerlo».
— GUSTAVE COURBET

la luz a la sombra que añadir algo que el ojo no ve y que no solo enturbia la fuerza de la luz, sino que también debilita el colorido de las sombras que se querían recalcar». En los debates sobre luz y sombra es donde Manet, que subrayaba el contraste, se distancia claramente de los impresionistas.

Otro modelo en relación con la luz y la sombra era Johan Barthold Jongkind. Ya a comienzos de la década de 1860 pintó vistas de Notre Dame de París con distintas iluminaciones. Uno de sus primeros ejemplos dentro de esta temática es *Notre Dame de París a la luz de la luna.* Durante la noche, o en un claro y frío día de invierno, la iglesia causaba una impresión completamente diferente a la que mostraba en una cálida puesta de sol. «Para él [Jongkind] lo que importa es la impresión», se decía, ya antes de que hubiera comenzado el impresionismo.

Con los comienzos de Jongkind entroncó John Singer Sargent, y sobre todo Claude Monet con sus series de cuadros, entre otros con la *Catedral de Rouen,* 30 años más tarde. Desde los cuadros de Notre Dame de Jongkind, la línea evolutiva lleva a través de las catedrales de Rouen de Monet hasta la *Iglesia de San Luis en Múnich* (il. pág. 53) de Kandinsky. La comparación muestra cómo Monet hace flotar más fuertemente en la luz las formas y los detalles del edificio y cómo solo los colores definen la impresión. Esta tendencia, característica del arte del siglo XIX, exige que la impresión personal y subjetiva del individuo no solo se reconozca como digna de ser reproducida, sino también como medida para la vida social. De este modo se sentaron las bases para la marcha triunfal de lo individual en el marco del mundo moderno.

También según Gustave Courbet, quien marcó de modo decisivo la pintura realista, la sensación individual define el cuadro. Solo la realidad propia, que también comprende las circunstancias sociales y políticas, puede ser —en su opinión— el punto de partida para el arte y para fundamentar su función, en último término también de carácter político.

Por tanto, el principal peso en la obra de Courbet corresponde a las representaciones de figuras como *Las Muchachas a orillas del Sena* (il. pág. 16). Para el público de su época resultaba evidente que se trataba de prostitutas. Sobre todo, los ojos semicerrados de la muchacha que descansa en el primer plano, con los pies y las manos distendidos en el duermevela, y el cuerpo semidescubierto que hace visible el resplandor sensual del sudor sobre la piel, no se consideraron como una inocua siesta estival, sino como algo vulgar e inconveniente.

Courbet muestra a las muchachas no durante el trabajo, sino en un descanso. Su evidente estado de agotamiento animó, entre otros, a Edgar Degas a representar a sus bailarinas de ballet, cansadas y sin fuerzas, tras el escenario o después de un ensayo (il. pág. 45). Courbet plasma a las muchachas tendidas no desde arriba, sino desde un ángulo que lleva al observador a la misma altura de los ojos que ellas, como si también el espectador estuviera tendido sobre la hierba. En Courbet y Degas, el pintor y las modelos se encuentran en el mismo plano, sin la distancia de la sociedad burguesa. Los efectos de la luz, aplicados con pintura blanca, y la distendida y vivaz pincelada prepararon el camino a los impresionistas, sobre todo a Monet y Renoir. Por tanto, ya la obra de Courbet supuso una ruptura radical con las costumbres visuales e incoó el cambio que continuaron los impresionistas. Escaparse del calor de la ciudad durante un día resplandeciente, en uno de los nuevos trenes, para dirigirse a los alrededores, se convirtió en uno de los pasatiempos preferidos de los habitantes de la gran ciudad. Por tanto, los impresionistas encontraron muchos de sus motivos en los lugares de excursión, a orillas del Sena.

Otro de los precursores de los impresionistas, entre los paisajistas, fue Charles Daubigny, quien ejerció una gran influencia sobre todo en Monet. Motivos como almiares (il. pág. 17 y pág. 19) e hileras de álamos aparecen, desde Jean-François Millet y Daubigny, una y otra vez en los lienzos del nuevo estilo. Daubigny pintaba sus cuadros siempre al aire libre, en la naturaleza. Le gustaban las vistas de las orillas a la luz cambiante, que aparece improvisada y efímera mediante manchas de color muy juntas unas de otras. El carácter de bosquejo subrayaba el proceso espontáneo y auténtico, lo cual despertó una acalorada protesta del público y de los críticos de arte. Se lamentaba que se diera por

Charles-François Daubigny
El almiar, hacia 1856
Óleo sobre madera, 14,4 x 25,3 cm
Le musée Tavet-Delacour,
Collection Musées de Pontoise

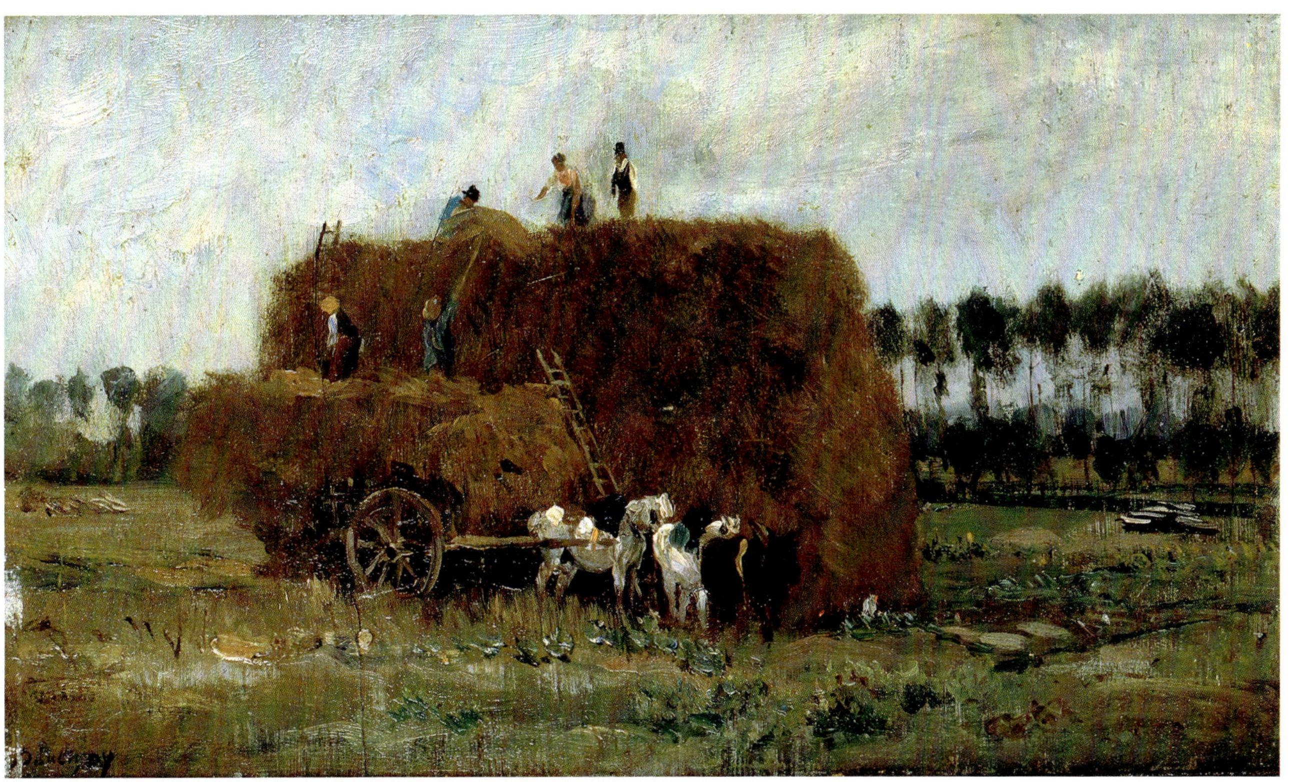

satisfecho con una «impresión», en lugar de pintar un cuadro «auténtico»; es decir, cubierto completamente por una superficie lisa, sin dejar visibles las pinceladas. Daubigny fue calificado, por la crítica, incluso como «cabeza de la Escuela de la impresión».

El arte realista ejerció, por tanto, una fuerte influencia sobre el impresionismo; al mismo tiempo, el clasicismo de Ingres dejó algunas huellas, si bien no muchas, en cuadros impresionistas. Sobre todo Edgar Degas y Marie Bracquemond admiraban a Ingres. La importancia que para Degas, siguiendo el modelo de Ingres, tenían las líneas y el dibujo, se aprecia en lo que escribió Walter Richard Sickert en 1917 sobre Degas: «Siempre intenté —decía [Degas]— convencer a mis colegas de que buscasen nuevas combinaciones por el camino del dibujo, lo cual según me parece es un campo más fructífero que el color. Pero no me escucharon y siguieron el otro camino».

Degas nunca descuidó el dibujo, como hicieron los otros impresionistas, que pusieron su obra casi exclusivamente al servicio del color. La gama de sus motivos la describió Degas, ya en 1859, en un libro de apuntes: «... todo tipo de objetos de uso corriente, representándolos de manera que se aprecie aún para qué se emplearon, que se sienta en ellos la vida de la mujer o del hombre, por ejemplo corsés recién quitados que conserven la forma del cuerpo... No se representen nunca monumentos y casas de cerca, tal y como se ven cuando se va por las calles...». Su lista de cosas contemporáneas que quería estudiar y pintar continuaba de la siguiente manera: «músicos con sus diversos instrumentos, panaderías desde diferentes ángulos... Humo: humo de cigarrillos, humo de locomotoras, chimeneas, barcos de vapor... Bailarinas, de las que se ven solo las piernas desnudas, observadas en pleno movimiento, o cómo se peinan; innumerables impresiones como cafés nocturnos con los diferentes niveles de tonos de los reflejos de la luz en los espejos, etc.».

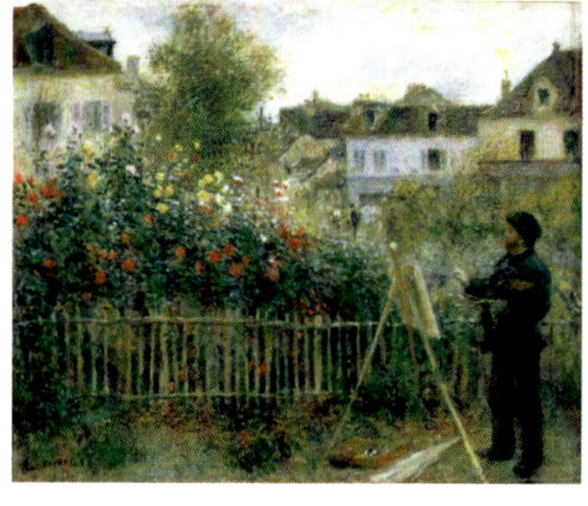

Pierre-Auguste Renoir
Monet trabajando en su jardín de Argenteuil, 1873
Óleo sobre lienzo, 46,7 x 59,7 cm
Hartford, Connecticut, Wadsworth Atheneum, legado de Anne Parrish Titzell

La predilección de Degas por ángulos fuera de lo común, tal y como nunca antes se habían presentado en el arte, había quedado definida desde muy temprano. Su apertura a diferentes modos de trabajo se demuestra también en su experimentación con nuevas técnicas como la fotografía y diferentes métodos gráficos.

La joven Marie Bracquemond contó en la década de 1860 con el apoyo de Ingres y trabajó en el estudio de este. El crítico de arte Philippe Burty, un amigo íntimo de su marido Félix Bracquemond, la denominó *l'une des plus intelligentes élèves de l'atelier d'Ingres*. Probablemente la común admiración por Ingres fue la razón de que tuviera una amistad más estrecha con Degas que con los otros artistas. Hasta qué punto Marie Bracquemond consiguió integrar en el impresionismo las tradiciones aprendidas de Ingres se aprecia ejemplarmente en su cuadro *La merienda* (il. pág. 35).

Por otro lado, Ingres, Courbet y los impresionistas tienen en común que se vieron expuestos al absoluto rechazo por parte del mundo del arte, por lo que tuvieron que buscar por su propia cuenta la posibilidad de mostrar sus obras a un público amplio. Ingres presentó solo ocasionalmente sus trabajos en pequeñas exposiciones de estudio, a pesar de que en esa época era ya un pintor célebre y reconocido, por lo que no tenía que temer ya los ataques de la crítica que le habían dificultado tanto sus comienzos. Courbet, cuyas obras habían sido rechazadas regularmente, se decidió a hacer una exposición por separado ya en 1855, e incluso sufragó los gastos para alzar un pabellón, en el que expuso sus obras. El rechazo por parte del jurado de las exposiciones de la Academia no era nada nuevo y tampoco afectó en absoluto solo a los impresionistas.

Mientras que Bracquemond seguía una formación tradicional con Ingres, Claude Monet, Pierre-Auguste Renoir, Frédéric Bazille y Alfred Sisley se conocieron en 1862, en el estudio de Gleyre. Marc-Charles Gleyre (1806-1874) ofrecía, al igual que otros profesores de la Academia, además de las actividades obligatorias para los estudiantes de Arte, también seminarios privados. Como solo exigía que cubrieran los gastos de alquiler y los honorarios de los modelos, sus clases estaban altamente frecuentadas. Enseñaba la pintura tradicional y no le gustaba el uso exuberante del color por Renoir. Pero, como diría más tarde Renoir, solía dejar que los estudiantes hicieran lo que querían, y corregía poco.

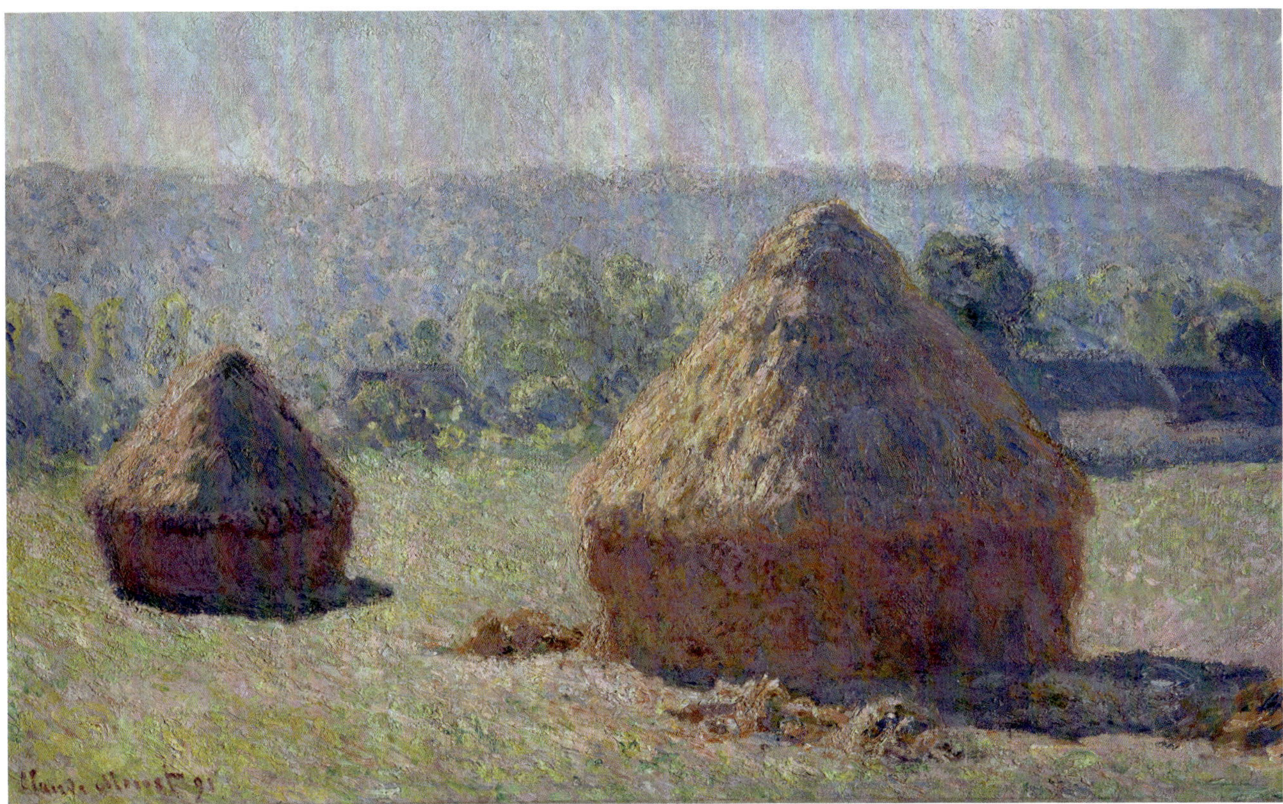

Claude Monet
Almiares, final del verano, por la mañana, 1891
Óleo sobre lienzo, 60,5 x 100,8 cm
París, Musée d'Orsay

Los impresionistas

La aparición de una corriente artística como el impresionismo solo fue posible gracias a artistas jóvenes y abiertos que buscaban nuevos caminos. Esta situación solo se daba en Francia. ¿Quiénes eran los jóvenes, hombres y mujeres, que llegarían a formar el núcleo de la corriente artística impresionista?

Claude Monet no era ningún principiante, como los otros, sino que ya había pintado junto a Johan Barthold Jongkind y otros colegas. Sus conocidos y diversos contactos trasmitieron las nuevas ideas de los realistas, la pintura al aire libre y el objetivo de reproducir del modo más inmediato posible lo que se veía en la naturaleza, también a aquellos jóvenes artistas que buscaban nuevas formas de expresión.

Monet conoció a Camille Pissarro en la Académie Suisse. A finales de la década de 1850, esta Academia era una institución conocida en los círculos artísticos de París. Estaba dirigida por Père Suisse, quien durante mucho tiempo había trabajado como modelo en los estudios y que ahora, por poco dinero, ofrecía a los artistas la posibilidad de pintar, en una sala grande y bien iluminada, modelos al desnudo, sin profesores, sin obligación de asistencia y sin reglas.

Monet llamaba la atención entre la masa por su talento; sabía dibujar de modo rápido y preciso y plasmar lo fundamental. Pissarro aún no poseía una técnica madura, aunque era diez años mayor que Monet y probablemente igual de aplicado. Pissarro y Monet tenían en común el ideal de pintar al aire libre; deseaban pintar sobre todo paisajes. Querían plasmar artísticamente todo lo que veían, con independencia de que se correspondiera con las normas sociales referentes a la belleza o no. Su fuerte orientación por la escuela realista les afianzó en su idea de llevar al lienzo únicamente sus impresiones visuales personales y subjetivas. No en vano, Corot había dicho a Pissarro: «Como usted es un artista, no necesita ningún consejo, excepto este: hay que estudiar sobre todo los valores de los tonos. No todos vemos igual: usted ve verde y yo veo gris y "rubio". Sin embargo, esto no es ninguna razón para que usted no haga destacar los valores cromáticos, pues son el punto de partida para todo, con independencia de cómo se sienta y se exprese uno; sin ellos no hay buena pintura».

Reproducir las relaciones de los valores cromáticos entre sí, en una escala finamente graduada de tonos de claro a oscuro, según la propia sensación: este fue el método que siguieron la mayoría de los jóvenes pintores para distanciarse lentamente del realismo. En el centro de su interés ya no estaba el realismo general, que puede denominarse objetivo, sino la percepción plenamente subjetiva.

Pissarro probablemente mantenía un estrecho contacto con Corot desde finales de los años cincuenta, pues en la década de 1860 se denominaba discípulo suyo. En 1866 se mencionaba por primera vez a Pissarro en la prensa. El que más tarde sería famoso escritor francés Émile Zola (1840-1902), que entonces trabajaba como crítico de arte, escribió con cierta ironía: «M.(onsieur) Pissarro es un desconocido del que probablemente nadie hablará. Muchas gracias, Monsieur: en mi viaje por el largo desierto del Salón pude descansar media hora ante su paisaje. Ya sé que costó mucho esfuerzo admitir su cuadro; le felicito sinceramente. Por lo demás, debería saber que su cuadro no gusta a nadie; se dice que es muy desnudo y muy negro. ¿Cómo diablos puede ser tan arrogantemente torpe para pintar tan honradamente y estudiar la naturaleza tan despreocupadamente? ¿Cómo puede representar solo el invierno, un sencillo trozo de calle, una colina al fondo y campos libres tanto como alcanza la vista? Una pintura áspera y seria, que se esfuerza denodadamente por reproducir fielmente la naturaleza, una voluntad firme, férrea. Usted es muy torpe, Monsieur… usted es un artista según mi gusto».

Esta crítica no le trajo ningún cliente, y Pissarro se encontraba continuamente en una situación de penuria económica. Sabía por experiencia propia lo que significan la desigualdad y la injusticia sociales y económicas. Las obras de crítica social del escritor y autor de obras de Teoría del Estado Pierre-Joseph Proudhon (1809-1865), sobre todo lo referente a la función social del arte, despertaron por ello su interés político. No en último término, por la lectura de esas obras asumió una postura anarquista. Pissarro escribió: «Proudhon dice en su obra *Sobre la justicia* que el amor a la tierra se une a la revolución, y por tanto al ideal artístico». El pintor vivía la mayoría del tiempo en el campo; allí encontró gran parte de sus motivos. Pissarro tenía tanta compasión por los demás hombres como un gran sentimiento de comunidad frente al grupo. Se convertiría en una de las fuerzas impulsoras de las ocho exposiciones de los impresionistas; además, fue el único pintor que participó en las ocho exposiciones impresionistas, celebradas entre 1874 y 1886.

Si bien Monet había nacido en París, se había criado en Le Havre, en la costa de Normandía. En su juventud pintó sobre todo caricaturas, con las que ganaba algo de dinero. Eugène Boudin (1824-1898), pintor de paisajes y fabricante de marcos, le permitió exponer sus obras en los escaparates de su establecimiento. De este modo Monet pudo llegar por primera vez al público.

Boudin intermedió también para que el joven Monet fuera admitido en el estudio de Constant Troyon (1810-1865) en París, donde continuó su formación artística a partir de 1859. A su vez, Troyon puso a Monet en contacto con los paisajistas del realismo, Corot y Daubigny. En 1862, Monet conoció al pintor holandés Jongkind en Le Havre. Monet dirá más tarde: «A partir de ese momento, [Jongkind] fue mi verdadero maestro; a él le debo la educación definitiva de mi ojo».

La importancia de los impulsos que recibió de otros artistas la expresó Monet, en una carta a su amigo Frédéric Bazille, de la siguiente manera: «Quizá vea usted una cierta relación con Corot, pero no tiene nada que ver con imitación; el motivo y sobre todo el ambiente sereno y crepuscular son culpables de ello. Lo he elaborado tan a conciencia como he podido, sin pensar en un determinado pintor».

Monet, Bazille y Renoir vivieron en parte juntos; pintaron juntos y compartieron la fe idealista en el arte moderno.

El padre de Renoir era sastre; la familia tenía una condición pequeñoburguesa. Por este motivo, el hijo, Pierre-Auguste, comenzó pronto un aprendizaje artesanal. Como

Pierre-Auguste Renoir
Los novios, 1868
Óleo sobre lienzo, 105 x 75 cm
Colonia, Wallraf-Richartz-Museum
& Fondation Corboud

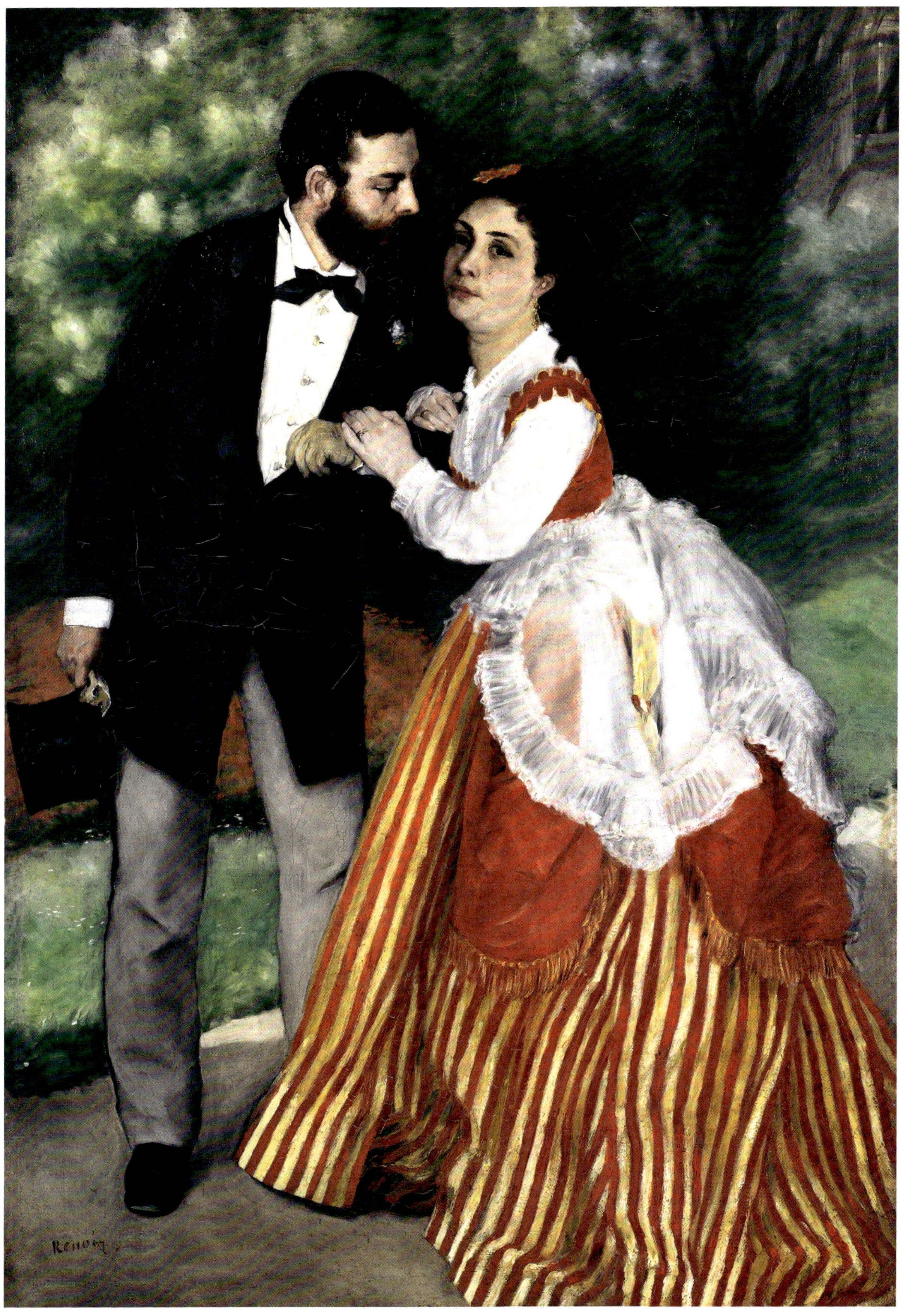
Renoir

tenía dotes para el dibujo, se convirtió en pintor de porcelana. Copió muchas veces en platos y tazas las obras maestras del arte francés del siglo XVIII, que estudió intensamente, sobre todo las de Antoine Watteau y François Boucher. *Diane saliendo del baño* (1742, París, Musée du Louvre) de Boucher fue el primer cuadro que le conmovió: «Durante toda mi vida seguí sintiendo predilección por él». Una de las primeras obras de Renoir, de carácter todavía completamente realista, realizada en 1867, muestra una *Diana* (Washington, National Gallery of Art). Pero entonces, el progreso técnico hizo superflua la pintura manual sobre porcelana y Renoir abandonó ese trabajo. Tenía ahorros suficientes para comenzar una formación artística en la École des Beaux-Arts. Dentro del grupo de amigos, Renoir fue el que más se orientó por la tradición del arte. A diferencia de Pissarro, que rechazaba de plano las visitas a los museos y el estudio de los viejos maestros, Renoir, Monet, Degas y Bazille se encontraban entre los numerosos copistas que trabajaban en las salas del Louvre. Hacer copias significaba formar la propia composición y el propio colorido ante los grandiosos lienzos del museo. Este modo de actuar, ampliamente difundido, fue una parte importante de su formación artística.

El Louvre, por supuesto, era también un lugar privilegiado para conocer a personas con las mismas ideas artísticas. Entre estas se encontraba Berthe Morisot, quien en el Louvre copiaba obras junto a su hermana Edma. El hobby al que se dedicaba en condición de «hija de casa acomodada» se había convertido en su profesión. El hecho de ser una sobrina-nieta del pintor rococó francés Jean-Honoré Fragonard (1732-1806) seguramente influiría en sus inclinaciones artísticas. Camille Corot, a quien conoció en 1861 por mediación de su profesor, le aconsejó conocer a Daubigny en Auvers-sur-Oise. En sus paisajes y vistas de la ciudad de la década de 1860 se muestra claramente influida por la Escuela de Barbizon, como se aprecia en *El puerto de Lorient* (il. pág. 23). Su amigo Édouard Manet, con cuyo hermano Eugène contrajo matrimonio, la retrató en varias ocasiones; Berthe aparece con su hija Julie también en varios cuadros de Renoir de los años ochenta. A pesar de la carga que suponían el matrimonio y la maternidad, Berthe Morisot participó en todas las exposiciones de los impresionistas, con una única excepción. Estos artistas, sus motivos, más personales, sus claros colores y una osada pincelada, trajeron vientos nuevos a las salas de exposición. A diferencia de los otros

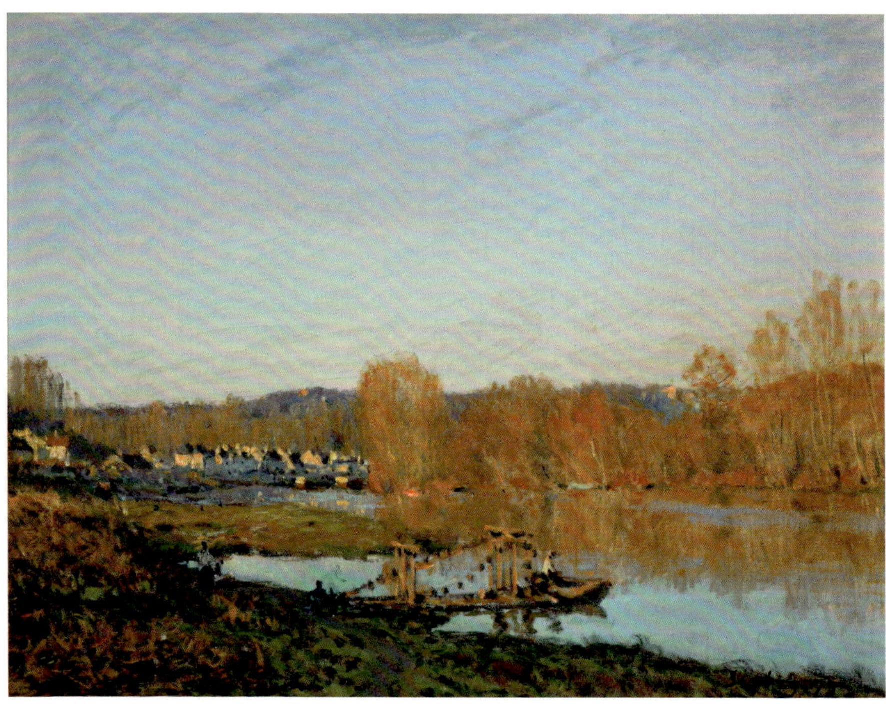

Alfred Sisley
Otoño: A orillas del Sena, cerca de Bougival, 1873
Óleo sobre lienzo, 46,3 x 61,8 cm
The Montreal Museum of Fine Arts

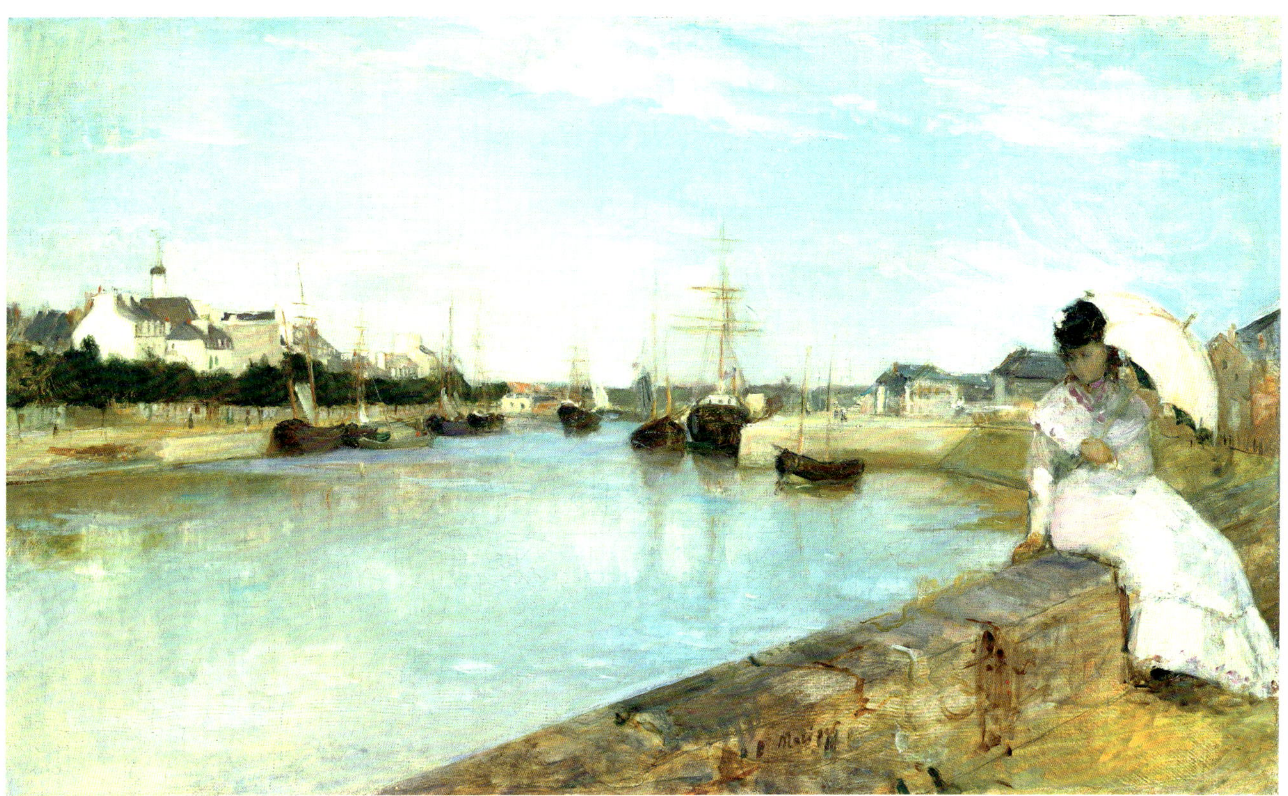

Berthe Morisot
El puerto de Lorient, 1869
Óleo sobre lienzo, 43,5 x 73 cm
Washington, D.C., National Gallery of Art, Ailsa Mellon Bruce Collection

impresionistas, que más tarde se volvieron a otras corrientes artísticas, Morisot se mantuvo siempre fiel a su estilo impresionista.

El lienzo *El puerto de Lorient* es un fiel testimonio de su estudio de las cuestiones relativas a la composición de figuras en el paisaje. En este ejemplo situó a su hermana sobre el malecón. Berthe Morisot dijo de Frédéric Bazille que este había conseguido solucionar el problema de encontrar la relación equilibrada entre la figura y el paisaje. Bazille aplicó en varias ocasiones la idea de sentar a una figura sobre un murete, consiguiendo así una impresión extraordinariamente viva y auténtica.

A diferencia de Morisot y Bazille, Alfred Sisley da más importancia al paisaje mismo. En sus cuadros de paisajes no hay figuras humanas o, como en el caso de *Otoño: A orillas del Sena, cerca de Bougival* (il. pág. 22), aparecen pequeñas figuras que actúan más como partes del entorno que como seres autónomos. Sisley, nacido en París en el seno de una familia de comerciantes ingleses, pertenecía desde los años sesenta del siglo XIX al círculo de amigos de Monet, Renoir y Bazille, con quienes pintó mucho. Renoir le hizo un cariñoso homenaje en su cuadro *Los novios*, que le presenta con su esposa Marie Lescouezec (il. pág. 21). También Claude Monet representó a Sisley en el círculo de su familia, a la que visitó frecuentemente. El cuadro de Monet *La cena con el matrimonio Sisley* ofrece una visión muy privada, amistosa, del calor y la intimidad de un ambiente familiar.

«Los verdaderos pintores comprenden las cosas con el pincel en la mano.»
— BERTHE MORISOT

Sisley tenía predilección por las representaciones de agua y tierra en inundaciones, puertos y ríos. En la década de 1870 pintó más de 20 vistas del Sena en Bougival y participó con sus paisajes en varias exposiciones de los impresionistas. La escena *Otoño: A orillas del Sena, cerca de Bougival* es un maravilloso ejemplo de su colorido brillante, que le valió la denominación de «poeta del impresionismo». El paisaje de Sisley es, en un doble sentido, una visualización de la transición: por un lado, Sisley tematiza la transición de las estaciones del año; por otro, la travesía del agua con el barco.

La gran importancia del impresionismo para el futuro del arte la reconoció con exactitud Vincent van Gogh, quien no llegó a París hasta 1886. «Lo que los impresionistas han logrado en relación con el color se acrecentará aún más; pero muchos olvidan que están unidos con el pasado por un vínculo...».

Cuando Van Gogh visitó París, y a su hermano Theo, no tenía aún una idea cierta del impresionismo; pero llegó justo a tiempo de ver la octava, y última, exposición de los impresionistas, que se inauguró el 15 de mayo de 1886. En los dos años siguientes, a través de su hermano, marchante de arte, conoció en la capital francesa a Pissarro y Degas. Los estimaba mucho.

Para Van Gogh, el impresionismo solo supuso una fase de transición en busca de un estilo propio. Una diferencia fundamental con el impresionismo la veía Van Gogh en su relación con la realidad: «En lugar de reproducir con exactitud lo que tengo ante mí, me sirvo del color a mi manera, para expresarme muy intensamente». En el uso del color, Van Gogh se acerco especialmente a Claude Monet, a quien admiraba profundamente. «¡Ah, pintar figuras como Claude Monet pinta paisajes! Esto es lo que habrá que hacer a pesar de todo...».

Las obras de Van Gogh de su época parisina, entre ellas el *Retrato del Père Tanguy* (il. pág. 49), muestran en el uso del color la influencia del impresionismo. Monet estimaba mucho la obra de Van Gogh; a través de su hermano Theo le hizo saber que consideraba sus cuadros como los mejores de la exposición de independientes que se celebró en París en 1890. Camille Pissarro fue el que se mostró más abierto con Van Gogh; por su mediación conoció al Dr. Gachet en Auvers, quien iba a tratar al pintor, psíquicamente enfermo. Allí, como es sabido, se quitó la vida Vincent van Gogh en julio de 1890. Sobre él dijo Pissarro: «Este hombre, o se volverá loco o nos dejará muy detrás de él». Lo que sin embargo no podía prever es que haría las dos cosas.

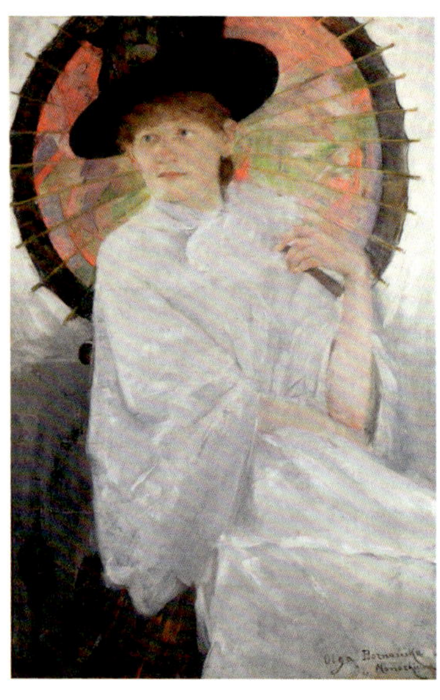

Olga Boznańska
Mujer con sombrilla japonesa,
hacia 1892
Óleo sobre lienzo
Colección particular

La última exposición conjunta

En la última exposición de los impresionistas, la única que vio Van Gogh, solo participaron unos pocos artistas del círculo original. Marie Bracquemond, Mary Cassatt y Berthe Morisot se encontraban entre ellos; además, Degas, Guillaumin, Pissarro y Federico Zandomeneghi (il. pág. 28 y pág. 95).

En 1886 aparecen por primera vez en la lista de expositores dos nuevos talentos que continuarían desarrollando la técnica impresionista: Georges Seurat y Paul Signac. Edgar Degas llamó al joven Seurat «el notario», porque paseaba siempre correctamente vestido, con el sombrero de copa sobre la cabeza, por los bulevares; siempre llegaba puntualmente a cenar con su familia y se movía en un mundo de ideas sistemático y científico.

Seurat estudió detalladamente las leyes y los fenómenos ópticos e hizo evolucionar las teorías contemporáneas sobre el color hasta llegar al puntillismo. Para ello partió fundamentalmente del «círculo cromático» del químico Michel Eugène Chevreul (1786-1889), que había influido sobre los impresionistas.

La técnica puntillista consiste en aplicar el color en pequeños puntos sobre el lienzo, de tal modo que de la armonía de los diferentes valores cromáticos surge una síntesis transparente y brillante. Con este estilo, denominado divisionista, se fundó la corriente artística del post o neoimpresionismo, a la que —junto a Seurat— también pertenecieron Signac y en parte Camille Pissarro. Seurat postuló una serie de reglas; la primera de ellas decía: «El arte es armonía». El cuadro *Un baño en Asnières* es la primera obra en la que aplicó el esquema por él desarrollado (il. pág. 79).

Giovanni Segantini, italiano de nacimiento, también asumió el puntillismo, que combinó con una concepción realista de la naturaleza. Sus cuadros de paisajes, que poseen una nota absolutamente personal, de los Alpes suizos e italianos subrayan —como las obras impresionistas de los comienzos— la luz y el color. Pero para Segantini las escenas no tienen ya un valor autónomo, sino que adquieren un significado simbólico. La obra de Segantini *La cosecha del heno* (il. pág. 77) entronca, en cuanto al motivo, con los «almiares» de los primeros realistas e impresionistas; pero el significado es distinto. De los principios impresionistas surgió así su simbolismo.

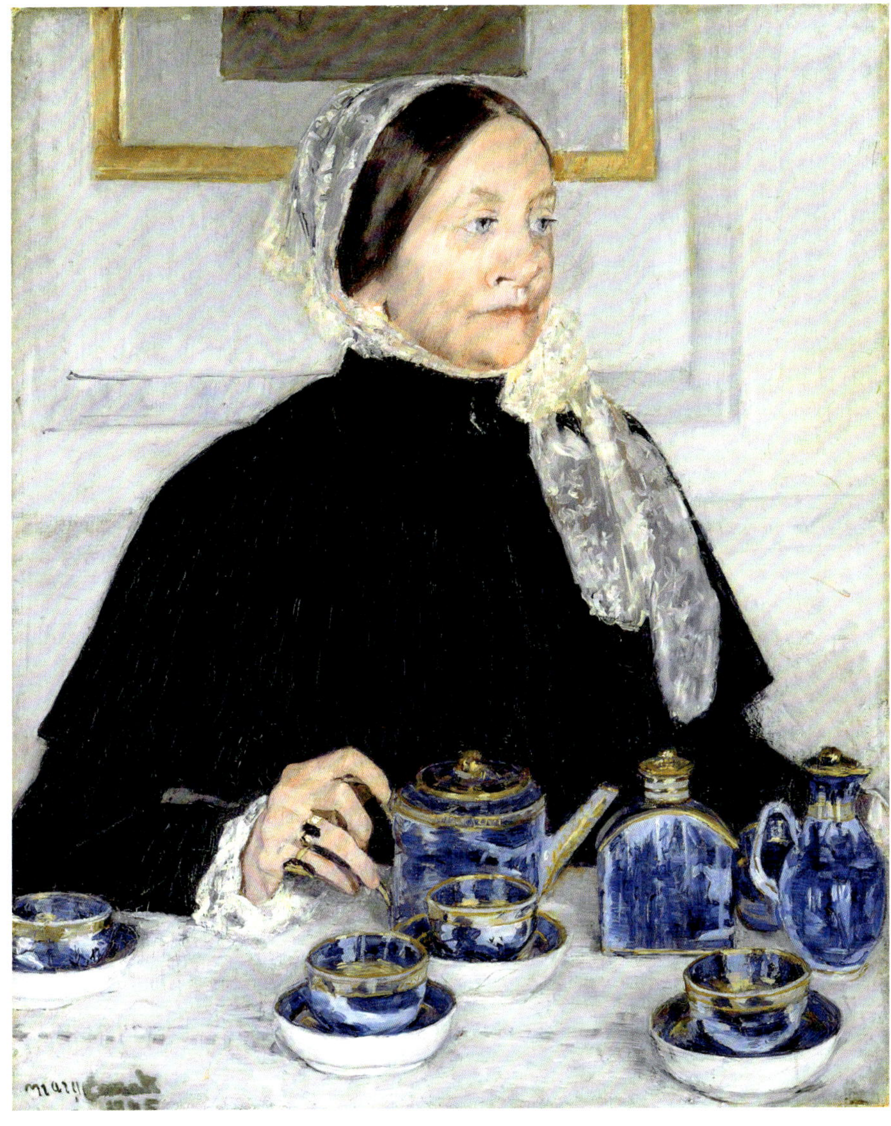

Mary Cassatt
Dama en la mesa de té, 1883-85
Óleo sobre lienzo, 73,7 x 61 cm
Nueva York, The Metropolitan Museum of Art

Desde Francia al mundo

El impresionismo ha de considerarse como una corriente artística internacional, que no se limitó a Francia. Sin embargo, los artistas impresionistas que vivían fuera de Francia no han gozado de la misma consideración en la historiografía del Arte. Aunque el significado de los impresionistas italianos, norteamericanos o alemanes para la Historia del Arte no sea equiparable a la de sus representantes franceses, no deben ser subestimados.

En la segunda mitad del siglo XIX, París ejercía una atracción casi irresistible sobre los jóvenes artistas. A orillas del Sena vivían un sinnúmero de estudiantes de Arte; muchos pintores extranjeros pasaron allí el resto de su vida.

Un ejemplo típico es la rápida integración en el mundo artístico parisino de Giuseppe de Nittis. En 1867, el año en que De Nittis llegó a París, pudo ver en la Exposición Universal los últimos progresos técnicos, científicos y artísticos. Además, la Exposición Universal de ese año presentó una gran retrospectiva de las obras de Ingres, que había fallecido a comienzos de 1867.

Se trataba de una época muy particular, también para la historia urbanística de París: el amplio plan de reformas y renovación urbana se reflejó profundamente el centro de la ciudad. Como símbolo de la civilización moderna, la gran metrópoli francesa prometía no solo innovaciones en la Exposición Universal, sino en todas las vías urbanas de

«Es bueno no admirar demasiado el trabajo del maestro. Así se corre menos peligro de imitarle».
— MARY CASSATT

la ciudad, completamente renovada. El plan de reorganización urbana llevado a cabo por Luis Napoleón y su Prefecto, el Barón Haussmann, sometió a París a un radical proceso de cambio: desaparecieron las estrechas calles medievales; barrios enteros dejaron paso a los amplios y modernos bulevares y crearon espacio para la creciente población. No solo los artistas extranjeros como Giuseppe de Nittis, que se especializó en vistas de París, sino también los pintores autóctonos estaban fascinados por esa gigantesca transformación urbana. Consecuentemente, las obras y los suntuosos bulevares se convirtieron en tema de sus obras. Aunque en Pierre-Auguste Renoir y en otros artistas se aprecia una cierta tristeza por la pérdida del «viejo» París, los artistas se congratularon de esta modernización.

Desde comienzos de la década de 1860, París era el punto de encuentro del mundo artístico internacional. La vida elegante y creativa puso a la ciudad en el punto de mira del mundo. Para los artistas extranjeros que visitaban París, las obras de los impresionistas franceses se convirtieron en una de las fuentes de inspiración más importantes. Llevaron el movimiento impresionista a sus países de origen, donde impulsaron la ruptura con los ideales académicos que dominaban hasta entonces en el arte. Muchos artistas no franceses siguieron el camino que habían trazado sus colegas franceses, pero —debido a las diferentes circunstancias que reinaban en cada país— produjeron también soluciones propias.

Algunos de los impresionistas italianos y norteamericanos formaban parte del círculo de amigos de Monet, Pissarro, Renoir y Degas e incluso participaron en las exposiciones de los impresionistas. Debido a sus orígenes familiares, Degas mantenía estrechas relaciones con Italia y Estados Unidos y se mostraba muy abierto frente a los artistas extranjeros que acudían a París. El padre de Degas procedía del sur de Italia; su madre, de Nueva Orleans, por lo que Degas estaba predestinado para establecer contactos con los colegas italianos y norteamericanos. Podemos mencionar que Giuseppe de Nittis, Federico Zandomeneghi y Medardo Rosso eran íntimos amigos de Degas.

Sobre todo después de la guerra civil norteamericana (1865) un gran número de turistas, estudiantes y artistas norteamericanos se dirigieron a París. Los viajes se tornaron más sencillos y confortables; Europa ya no estaba tan lejos. El escritor Henry James constataba sorprendido: «Parece paradójico, pero es verdad que, si buscamos hoy arte

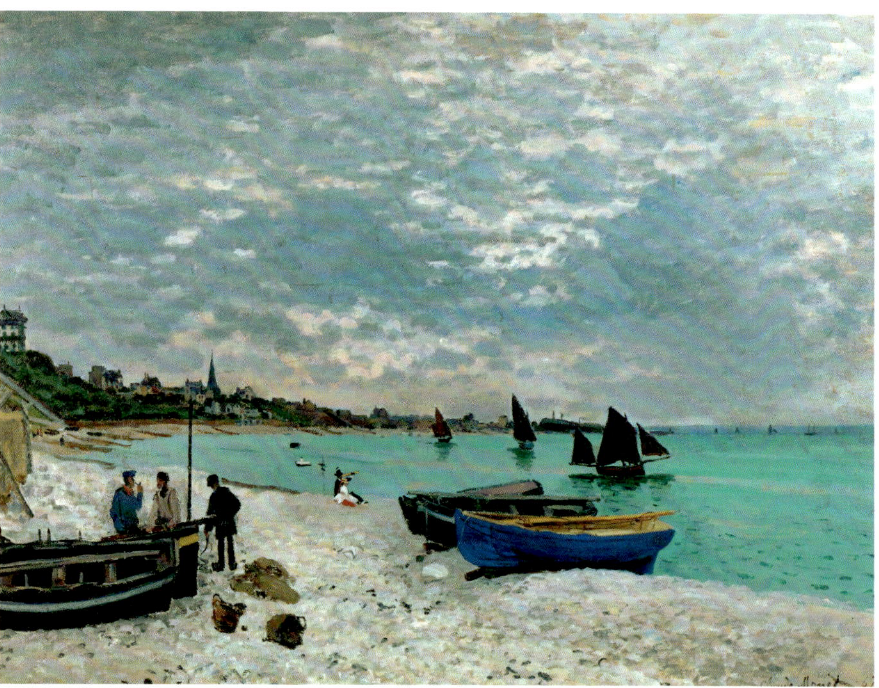

Claude Monet
La playa de Sainte-Adresse, 1867
Óleo sobre lienzo, 75,8 x 102,5 cm
The Art Institute of Chicago

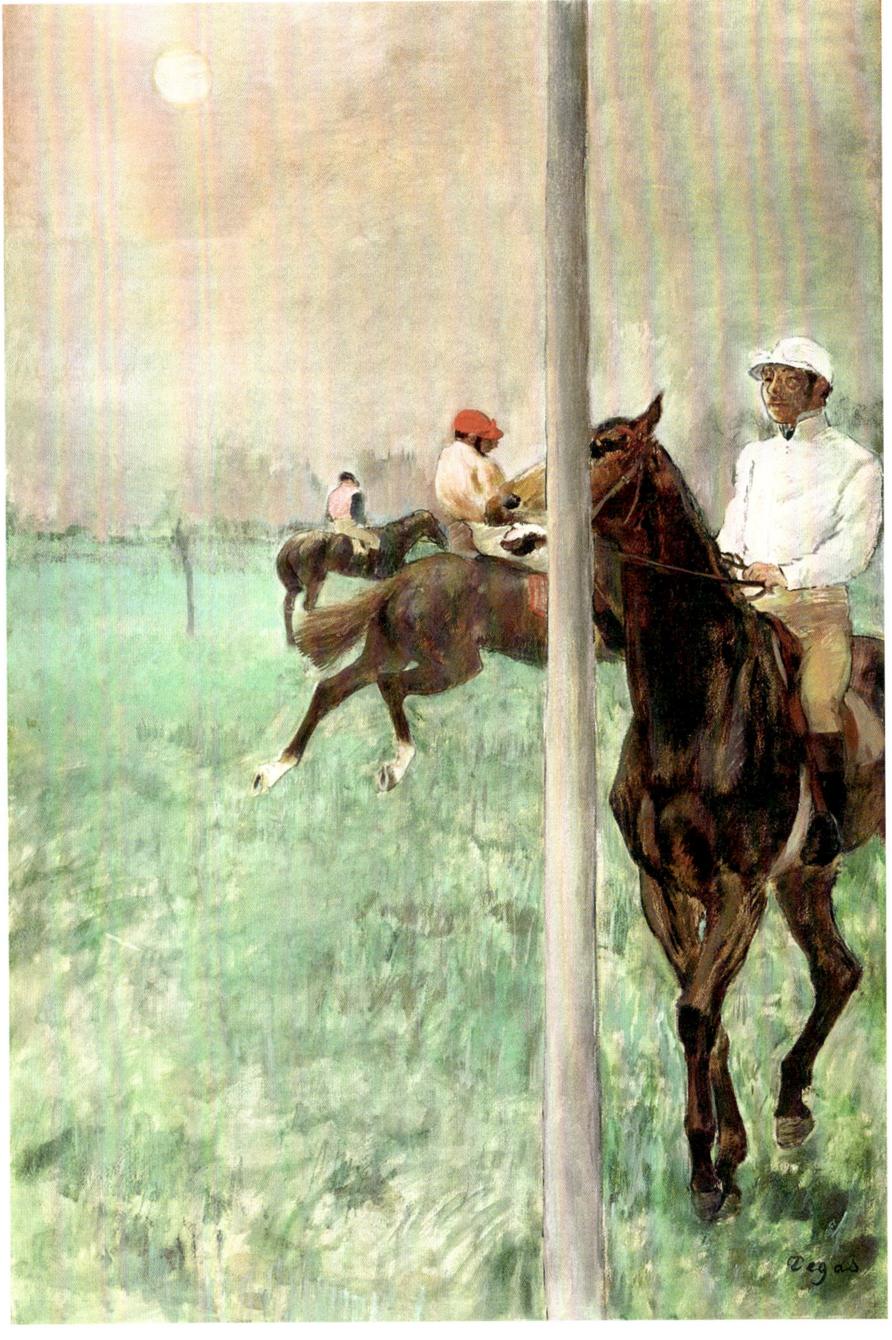

«Es inaguantable, pero hemos de reconocer que tiene mucho talento.»
— GUSTAVE CAILLEBOTTE SOBRE DEGAS

Edgar Degas
Jockeys antes de la salida, 1878/79
Óleo sobre papel, 107,3 x 73,7 cm
Birmingham, Barber Institute of Fine Arts, The University of Birmingham

norteamericano, lo encontraremos principalmente en París. Y si lo encontramos fuera de París, al menos encontraremos en él una gran parte de París». Aproximadamente un tercio de los norteamericanos que visitaban París eran mujeres; entre ellas se encontraba la artista Mary Cassatt, que allí podía desenvolverse con mayor libertad que en su propio país.

«Monet es el dios de los paisajistas jóvenes»; esto escribió en 1891 un diario norteamericano. John Singer Sargent y Monet probablemente se habían conocido en 1876 en París; serían amigos durante toda su vida. A mediados de los años ochenta, Sargent experimentó con la pintura impresionista y trabajó al lado de Monet en Giverny. Pintó el lienzo *Claude Monet, pintando en el linde del bosque* (il. pág. 29) en el verano de 1885, con ocasión de una visita. Hizo de intermediario entre Monet y coleccionistas norteamericanos; él mismo compró varias obras de Monet. Este cuadro fue conservado por Sargent en su colección particular, como recuerdo. El cuadro muestra al amigo trabajando cerca de Giverny. Entre los árboles aparece sentada una mujer vestida de blanco, la compañera sentimental de Monet, Alice Hoschedé, o bien Suzanne, la hija de esta.

París, y esto tenía validez para todos los artistas, era «la capital del siglo XIX», como dijo retrospectivamente el escritor y filósofo alemán Walter Benjamin. Sin embargo, después de los horrores de la guerra franco-prusiana de 1870/71 eran poco comunes los contactos amistosos entre los artistas franceses y alemanes. El recién fundado Reich Alemán veía con desconfianza las influencias francesas.

Max Liebermann, por ejemplo, vivió durante bastante tiempo en París; sin embargo, al parecer no estableció contactos personales con los impresionistas franceses; probablemente tampoco visitó las exposiciones de los impresionistas. Sin embargo, más tarde, cuando se había establecido en su Berlín natal, destacó por ser uno de los primeros coleccionistas alemanes de arte francés, también de autores impresionistas. El culmen del impresionismo alemán se alcanzó en los años posteriores a 1890 y duró aproximadamente hasta el comienzo de la Primera Guerra Mundial en 1914. Por otro lado, el impresionismo alemán no se concentró en una sola ciudad como en Francia, porque Berlín era aún una metrópoli artística joven y competía con Múnich, Düsseldorf, Weimar y Dresde.

Por otro lado, el impresionismo alemán quedó vinculado a personalidades individuales, que no se mantuvieron fieles al estilo durante toda su vida; para ellos, supuso únicamente una fase de su trabajo. Por tanto, los puntos en común no son tan marcados y el impresionismo alemán no se muestra tan homogéneo como en su país de origen. Max Liebermann, Fritz von Uhde y Max Slevogt, e incluso Vassily Kandinsky se vieron influidos por el impresionismo, unos durante un tiempo breve, otros durante un mayor lapso; unos más intensamente, otros más superficialmente. Debido a esas diferencias, en comparación con lo sucedido en Francia, parece incluso cuestionable que se pueda hablar de un «impresionismo alemán». Antes bien, se trata de artistas alemanes que

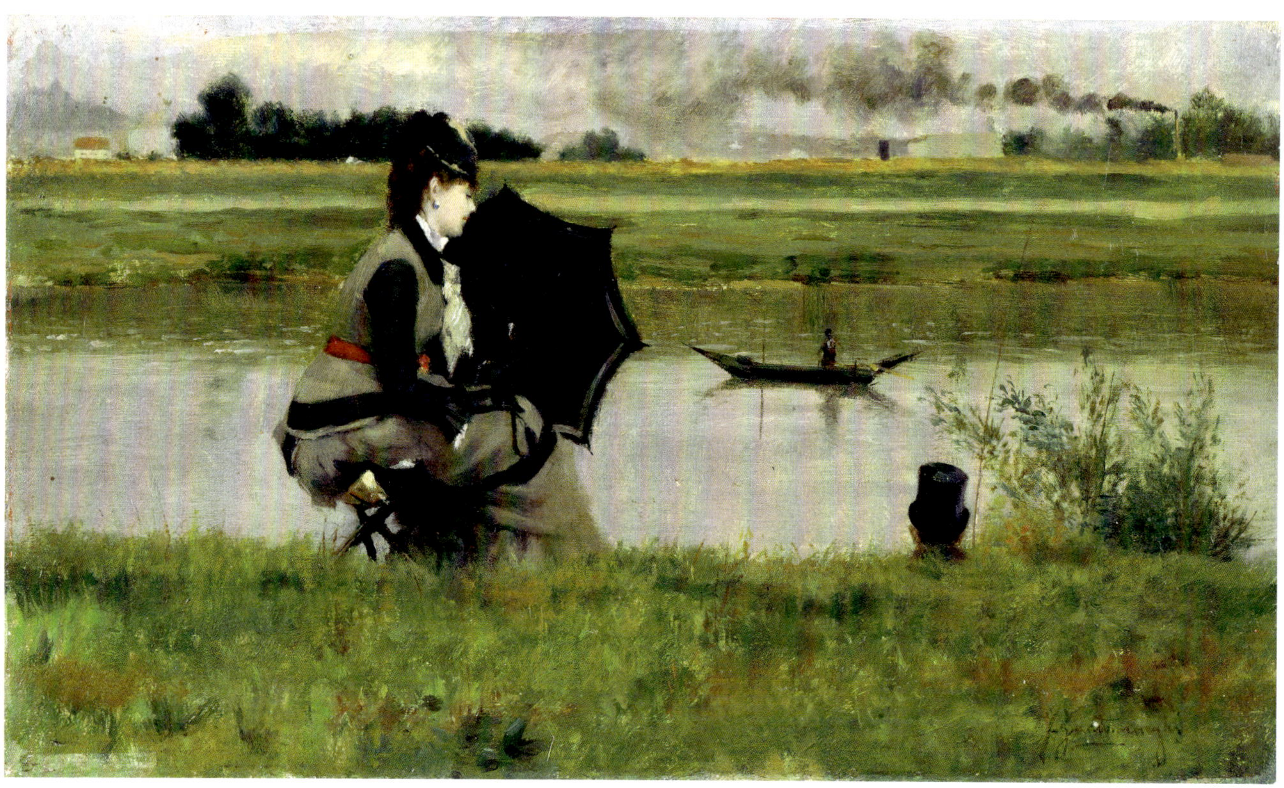

Federico Zandomeneghi
Pescando en el Sena, 1878
Óleo sobre tabla, 16 x 29 cm
Florencia, Galleria d'Arte Moderna, Collezione Diego Martinelli

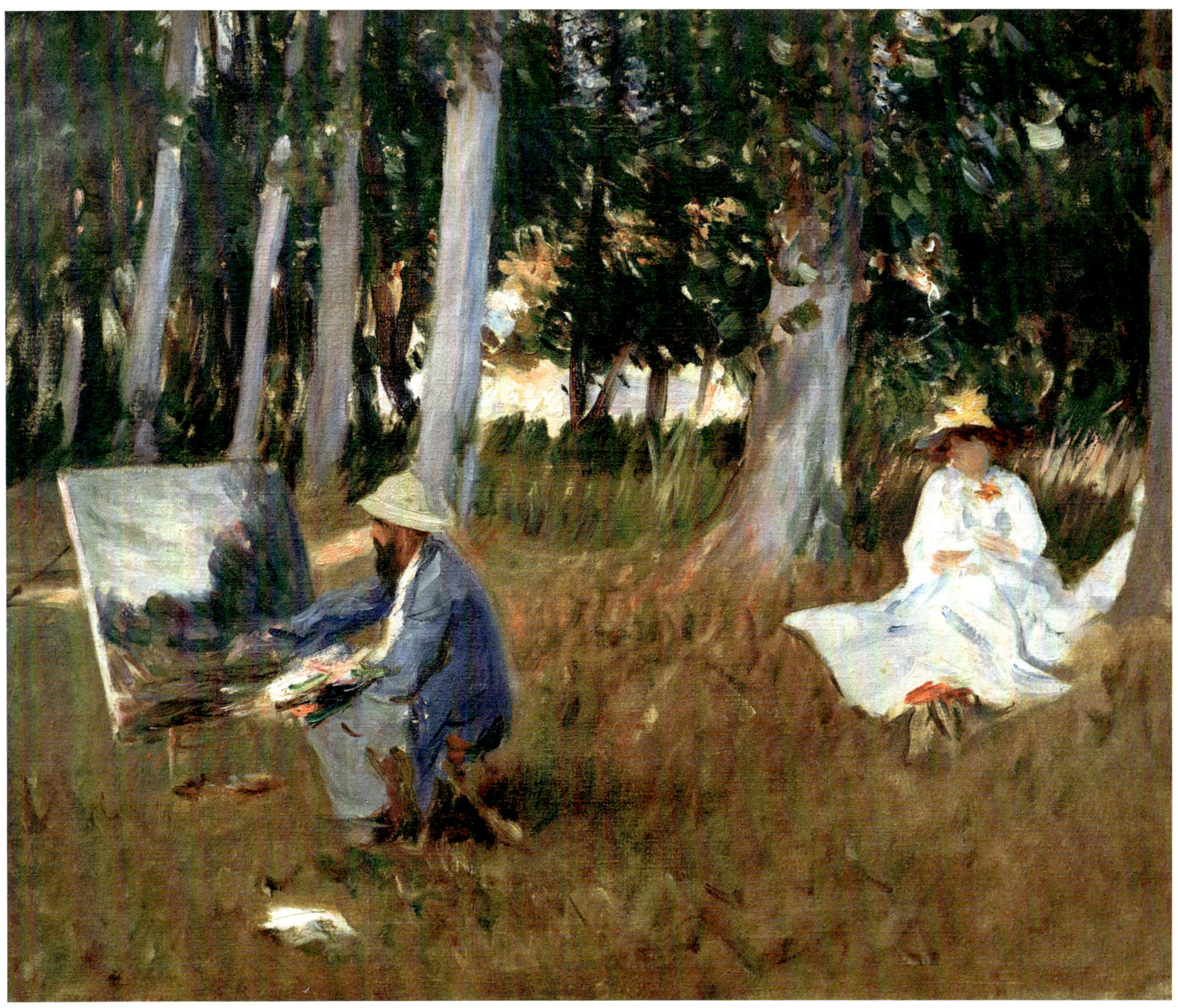

John Singer Sargent
Claude Monet, pintando en el linde del bosque, 1885
Óleo sobre lienzo, 54 x 64,8 cm
Londres, Tate

pintaron a la manera impresionista, en condición de autores individuales, y no de un movimiento común.

Vassily Kandinsky había nacido en Moscú; entre 1904 y 1906 vivió y trabajó en la capital francesa. Kandinsky expuso en París en el «Salón de los Independientes»; con seguridad vio allí cuadros de pintores impresionistas, cuyas obras ya había conocido antes. Kandinsky continuó sus experimentos con colores fuertes, un impulso que habían despertado en él los modelos impresionistas. En el siglo XX rompería completamente con la pintura figurativa; como desencadenante de ese camino a la abstracción, más tarde dijo uno de los cuadros de almiares de Monet: «Sentí vagamente que este cuadro carecía de objeto».

Él y muchos otros artistas del siglo XX hicieron cumplirse la profecía de Van Gogh: «Lo que los impresionistas han logrado en relación con el color se acrecentará aún más».

Frédéric Bazille
Naturaleza muerta con pescado, 1866

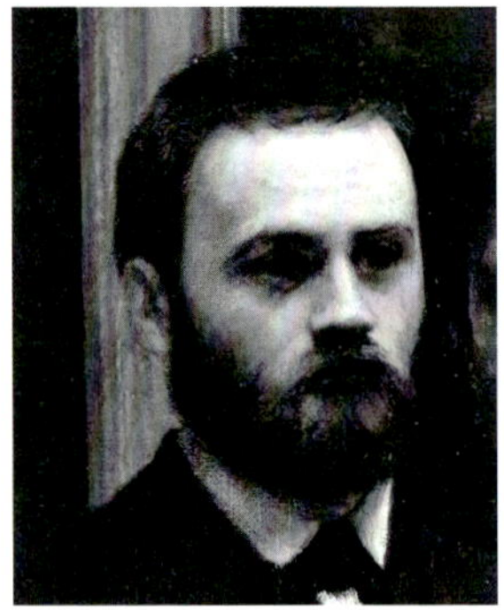

n. 1841 en Montpellier
f. 1870 en Beaune-la-Rolande

Las naturalezas muertas de comienzos del impresionismo —es decir, de la década de 1860— son hoy en día prácticamente desconocidas, pese a que prácticamente todos los artistas impresionistas se dedicaron a esos temas.

Si Bazille se decidió a presentar la *Naturaleza muerta con pescado* al Salón de 1866 fue porque dudaba de que tuviera éxito el cuadro que originalmente había elegido: *Mujer al piano.* Ahora, buscaba un motivo y un formato más moderados. Probablemente le inspirara a ello una naturaleza muerta de Édouard Manet que se expuso en 1865: «No te puedes imaginar cuánto he aprendido observando los cuadros. Una sesión allí vale tanto como todo un mes de trabajo». Al mismo tiempo, Claude Monet había animado a su amigo Bazille a pintar naturalezas muertas; le había recomendado pintar directamente del natural, y sobre todo flores. Las naturalezas muertas de Monet de esta época también se inspiran en Manet y disponen los objetos sobre un mantel de mesa blanco, delante de un fondo oscuro.

Flores, frutas o pescados estaban más disponibles que modelos humanos, que pocas veces eran buenos y, frecuentemente, muy caros. En ocasiones, Bazille y Sisley se repartían los gastos: compraban a medias una garza muerta, que pintaban ambos autores. Caillebotte reducía aún más los gastos, pues no compraba los objetos que iba a pintar, sino que los copiaba de los escaparates de los comercios. Con su *Bodegón: pollos, faisán, liebres en un escaparate* (colección particular) introducía aspectos completamente nuevos en el género de la naturaleza muerta. En la elección de un escaparate de comercio y en la representación serial se refleja un aspecto de la vida moderna. Caillebotte ya no presenta uno o dos pescados en el entorno casero de la mesa y del mantel, para preparar una comida, sino nueve pollos, tres faisanes, dos liebres y cinco pájaros más pequeños, en el escaparate. Y Caillebotte renuncia a todo intento de crear profundidad en el espacio. Su disposición, rigurosamente paralela al cuadro, del escaparate y de la vara de metal de la que cuelgan las liebres y los faisanes ante un fondo negro, subraya el carácter plano del cuadro.

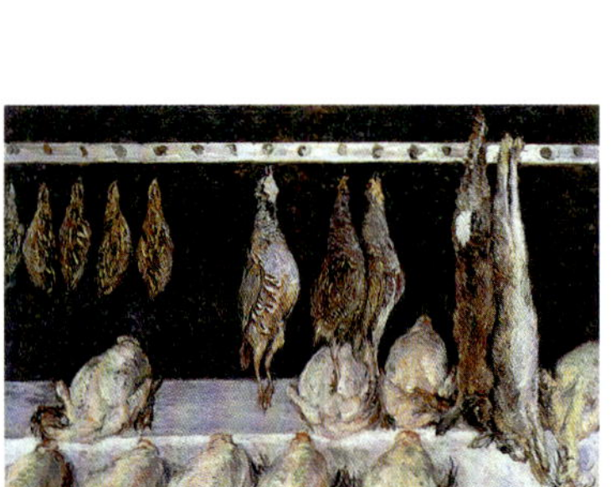

Gustave Caillebotte
Bodegón: pollos, faisán, liebres en un escaparate, 1882
Óleo sobre lienzo, 76 x 105 cm
Colección particular

En los años ochenta del siglo XIX, Bazille y muchos de sus amigos no podían permitirse el lujo de emplear siempre lienzos nuevos. Se les ocurrió rascar los lienzos ya utilizados y volver a pintar sobre ellos. Un análisis de rayos X de *Naturaleza muerta con pescado* mostró que el lienzo estaba originalmente girado en 180° y cubierto con otra naturaleza muerta, en la que aparecían manzanas y peras.

Una razón muy importante para elegir este tema radicaba en la esperanza de que los miembros del jurado —de orientación conservadora—, a la hora de elegir las obras para el Salón, vieran favorablemente las naturalezas muertas. Como género, estas gozaban de general aceptación, al tiempo que estaban sometidas a menor reglamentación. Efectivamente, la *Naturaleza muerta con pescado* de Bazille fue aceptada en el Salón de 1866, donde se presentó al público. Los pocos críticos que se refirieron a esta obra recalcaron la representación, lograda en el sentido del realismo, de los peces; pero censuraron el color demasiado oscuro. El crítico de arte Charles de Sarlat escribió el 21 de junio de 1866, en un breve apunte: «La carpa es muy realista: a uno le gustaría que se la sirvieran, porque despierta el apetito».

Naturaleza muerta con pescado, 1866
Óleo sobre lienzo, 63,5 x 81,9 cm
Detroit Institute of Arts

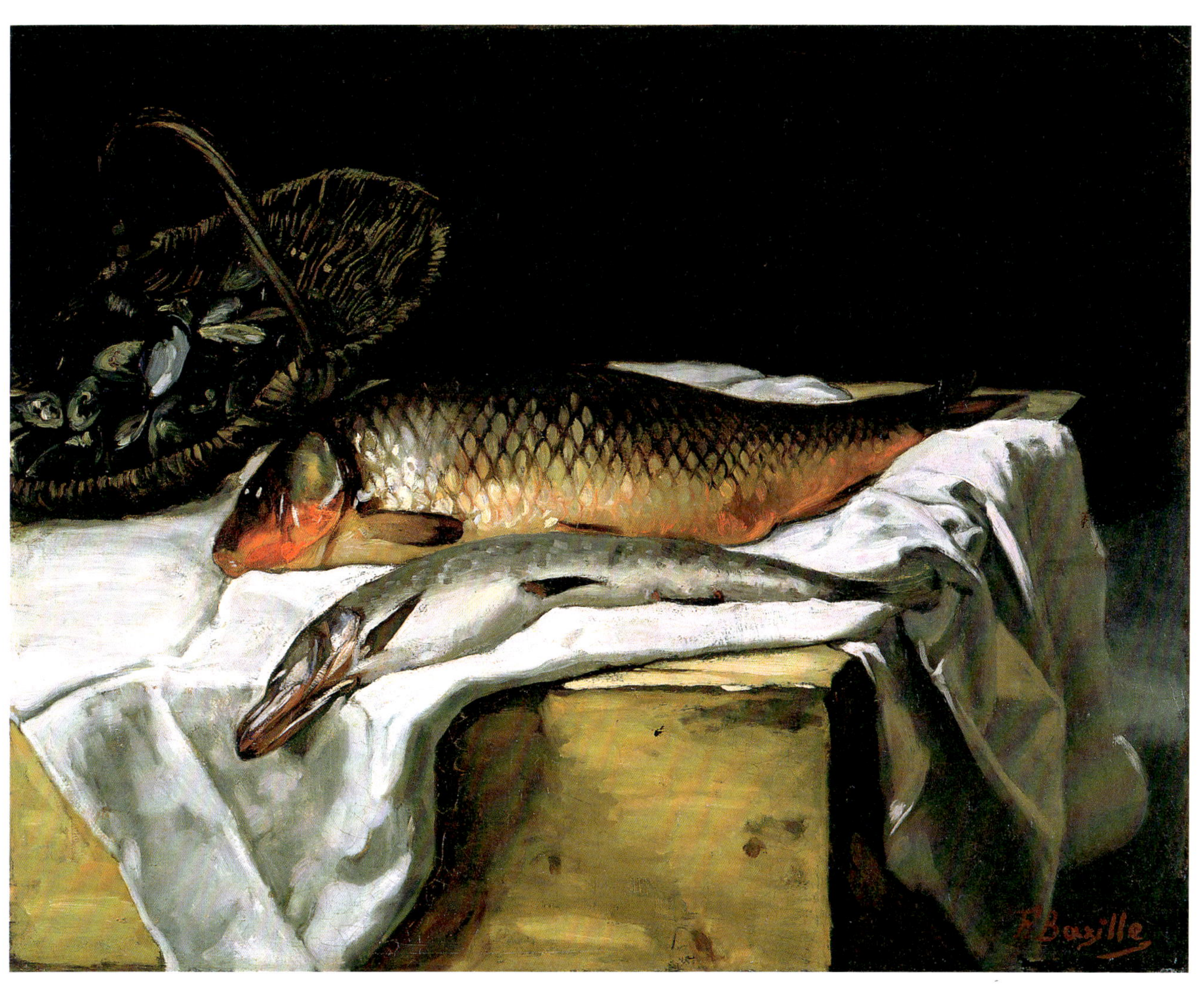
F. Bazille

Frédéric Bazille
Reunión de familia, 1867

Frédéric Bazille procedía de Montpellier. Su familia había previsto que estudiara Medicina; pero apoyó su decisión definitiva en pro del arte, en 1864. Su carrera, sin embargo, duró pocos años, pues cayó en la guerra franco-prusiana, en 1870. Por tanto, sus obras no se presentaron en las exposiciones de los impresionistas, si bien la idea de organizar exposiciones propias, para no depender de las decisiones del conservador jurado, procedía originalmente de él.

Reunión de familia ocupa un puesto central en su obra, pues lo hizo a mediados de su breve carrera y es el mayor de los lienzos que se han conservado. En la década de 1860 estuvo unido por una gran amistad con Monet y Renoir; Bazille llegó a trabajar estrechamente sobre todo con Monet. Sus cuadros *La playa de Sainte-Adresse* (il. pág. 26) y *Costa de Sainte-Adresse* (1865, Atlanta, High Museum of Art) son fiel testimonio de esa cooperación. Esos jóvenes pintores se interesaban por la representación de la figura humana en el paisaje. Juntos, hicieron las primeras experiencias con la pintura al aire libre: Bazille pintó *Reunión de familia,* como Monet su composición *Mujeres en el jardín* (París, Musée d'Orsay), completamente al aire libre, mientras que en el estudio solo hizo unos pocos retoques y añadió su autorretrato en el extremo inferior del cuadro. La ocasión para el motivo la proporcionó una reunión de todos los miembros de la familia bajo el gran castaño de la terraza en Méric, celebrada en el verano de 1867. Los padres de Bazille están sentados sobre un banco, a la izquierda del cuadro. En la terraza están reunidos sus tíos, su primas y su hermano Marc, con su mujer, como si acabaran de volver de un paseo. Los vestidos blancos, con puntos negros, muy semejantes a los que pueden verse en el cuadro de Monet *Mujeres en el jardín,* van correlativos a la moda del verano de 1867. Además, la ropa de color blanco estaba considerada como un signo inconfundible de la burguesía y de las virtudes burguesas del siglo XIX.

Para los pintores, el efecto de luces y sombras y la reflexión de los colores del entorno sobre el blanco resultaban particularmente interesantes. El cuadro de Renoir *Lise con sombrilla* (il. pág. 69) proporciona un ejemplo más de ello. Bazille situó el reflejo de azul turquesa sobre el vestido de su prima Thérèse, la joven sentada a la mesa, en el centro de la composición. El mensaje del cuadro puede resumirse en que lo decisivo no es el motivo, sino el modo en que se ha pintado.

La obra de Bazille *Reunión de familia* se presentó en el Salón de 1868, a diferencia de *Mujeres en el jardín* de Monet, que fue rechazado por el conservador jurado. El joven Émile Zola escribió la crítica sobre el lienzo de Bazille, en la que subrayó tres aspectos: 1) la sensibilidad en el modo de plasmar la luz natural en la terraza, 2) el exacto retrato de once personas, sus poses y los gestos que caracterizan su personalidad, 3) la gran atención que el artista presta a la ropa, que Zola interpretó como una aportación a la vida moderna.

Ocho de las once personas retratadas miran al observador directa e inmediatamente; sin embargo, entre ellos no hay ninguna interacción. Los observadores del siglo XXI relacionan esta pose con una fotografía; el grupo se ha comparado una y otra vez con los modelos de una toma fotográfica. En la segunda mitad del siglo XIX, la pintura y la fotografía tienen muchos puntos en común respecto de su representación artística. El paralelismo con la fotografía subraya el esfuerzo de Bazille por integrar la narración y el paso del tiempo en la instantánea que plasma su obra.

Reunión de familia, 1867
Óleo sobre lienzo, 152 x 230 cm
París, Musée d'Orsay

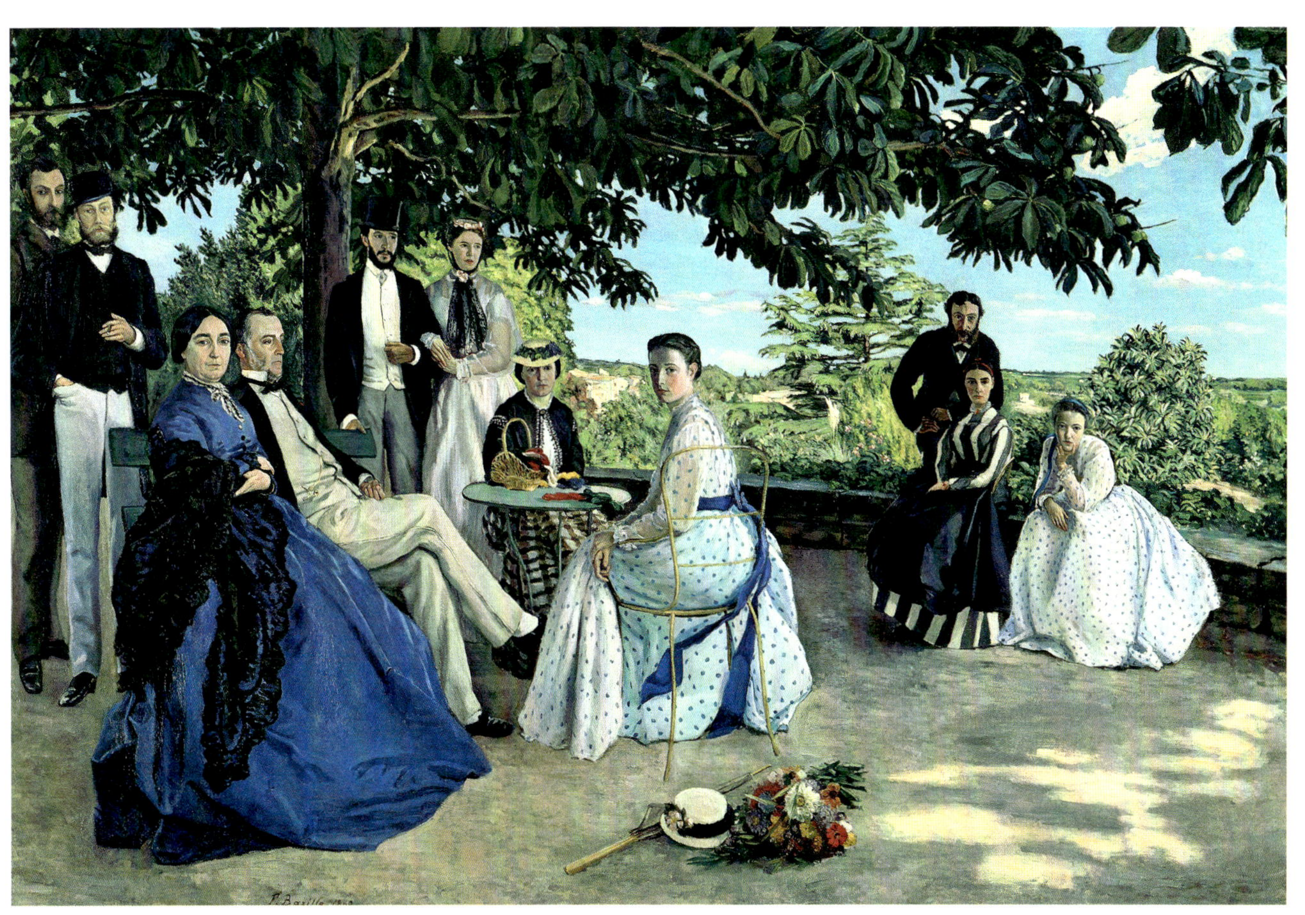

Marie Bracquemond
La merienda, hacia 1880

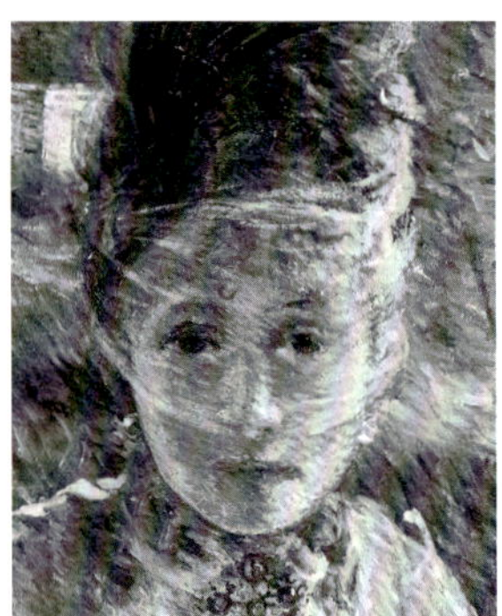

n. 1840 en Morlaix
f. 1916 en Sèvres

Marie Bracquemond es, junto a Mary Cassatt y Berthe Morisot, una de las tres grandes mujeres pintoras de este estilo. Participó en tres exposiciones de los impresionistas, en los años 1879, 1880 y 1886. Hoy en día es prácticamente desconocida, pues abandonó la pintura en 1890 y muy pocas de sus obras se encuentran en colecciones públicas. Este recogimiento se debe, por un lado, al papel tradicional de la mujer y, por otro, a la dominación de su marido, el artista gráfico Félix Bracquemond, que no apoyó la modernidad de su arte. Al parecer, Marie Bracquemond abandonó la pintura para no poner en peligro la paz familiar.

Marie Bracquemond adquirió su formación, a la manera clasicista, con Jean-Auguste-Dominique Ingres. Su segundo «maestro» sería Paul Gauguin, a quien Félix Bracquemond llevó a su casa en 1880. De ese mismo año es el lienzo *La merienda.*

La merienda muestra a la hermana de Marie Bracquemond, Louise, sentada a la mesa al aire libre. El libro abierto que sostiene en la mano no parece acaparar su atención, pues dirige la mirada hacia abajo a la derecha. El rostro, representado frontalmente, simétrico e hierático, recuerda retratos de Ingres como *Madame Moitissier* (1851, Washington, National Gallery of Art, Samuel H. Kress Collection). La pequeña naturaleza muerta que aparece sobre la mesita —sobre todo la bandeja de plata con las uvas— hace pensar en elementos similares en las obras de Ingres; por ejemplo el pequeño taburete con frutas en el primer plano de *El baño turco* (1863, París, Musée du Louvre). Bracquemond aplicaba, una muy pegada al lado de la otra, pequeñas pinceladas con finas graduaciones de tonos rojos, verdes y azules, para representar el juego de luces y sombras. El rostro y las manos descubiertas están plasmados de un modo especialmente fino. El sombrero da sombra a los ojos y la frente; se produce una transición continua hacia la mitad inferior del rostro, más clara. Algunas manchas de luz, en los vestidos y en el matorral del fondo, son de un blanco puro y resplandeciente.

En su cuadro *El té* (Boston, Museum of Fine Arts), Mary Cassatt representa asimismo a su hermana, Lydia. *El té* es del mismo año que *La merienda;* probablemente se presentaron ambos lienzos en la quinta exposición de los impresionistas, en 1880. Lydia aparece sentada en una habitación, a la izquierda; a su lado, una visita, como puede reconocerse porque no se ha quitado el sombrero y los guantes, como era usual en una breve visita para tomar té. Cassatt extiende una naturaleza muerta en el primer plano: un servicio de té de plata, sobre el que reluce la luz de modo similar a los puntos del sol en el cuadro de Bracquemond. El estilo de Cassatt es más blando porque emplea un pincel más ancho; la pincelada distendida incluso se desliza a la abstracción en el tapizado del sillón. Los variados tonos rojos del papel pintado, de la tapicería del sillón y de la mesa armonizan con los tonos grises y plata en la chimenea, el servicio de plata y el papel pintado. El rojo y el plata dominan y dan al cuadro una unidad fuera de lo común. El aspecto de una breve impresión queda subrayado por la posición de la taza, que tapa el rostro de la visita. Es la impresión del momento de beber.

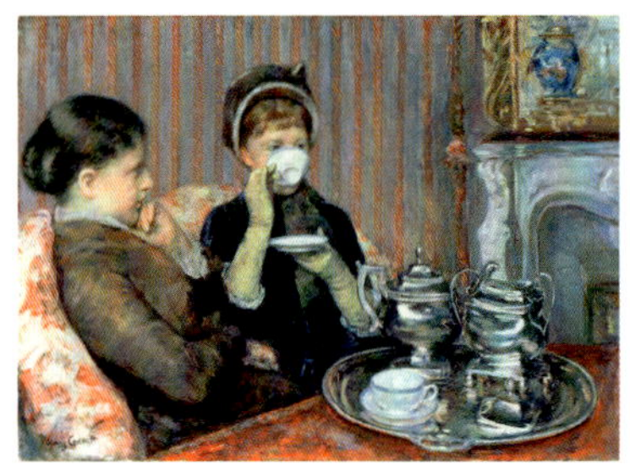

Mary Cassatt
El té, hacia 1880
Óleo sobre lienzo, 64,8 x 92,1 cm
Boston, Museum of Fine Arts,
M. Theresa B. Hopkins Fund

La merienda, hacia 1880
Óleo sobre lienzo, 81,5 x 61,5 cm
Musée des Beaux-Arts de la Ville de Paris, Petit Palais

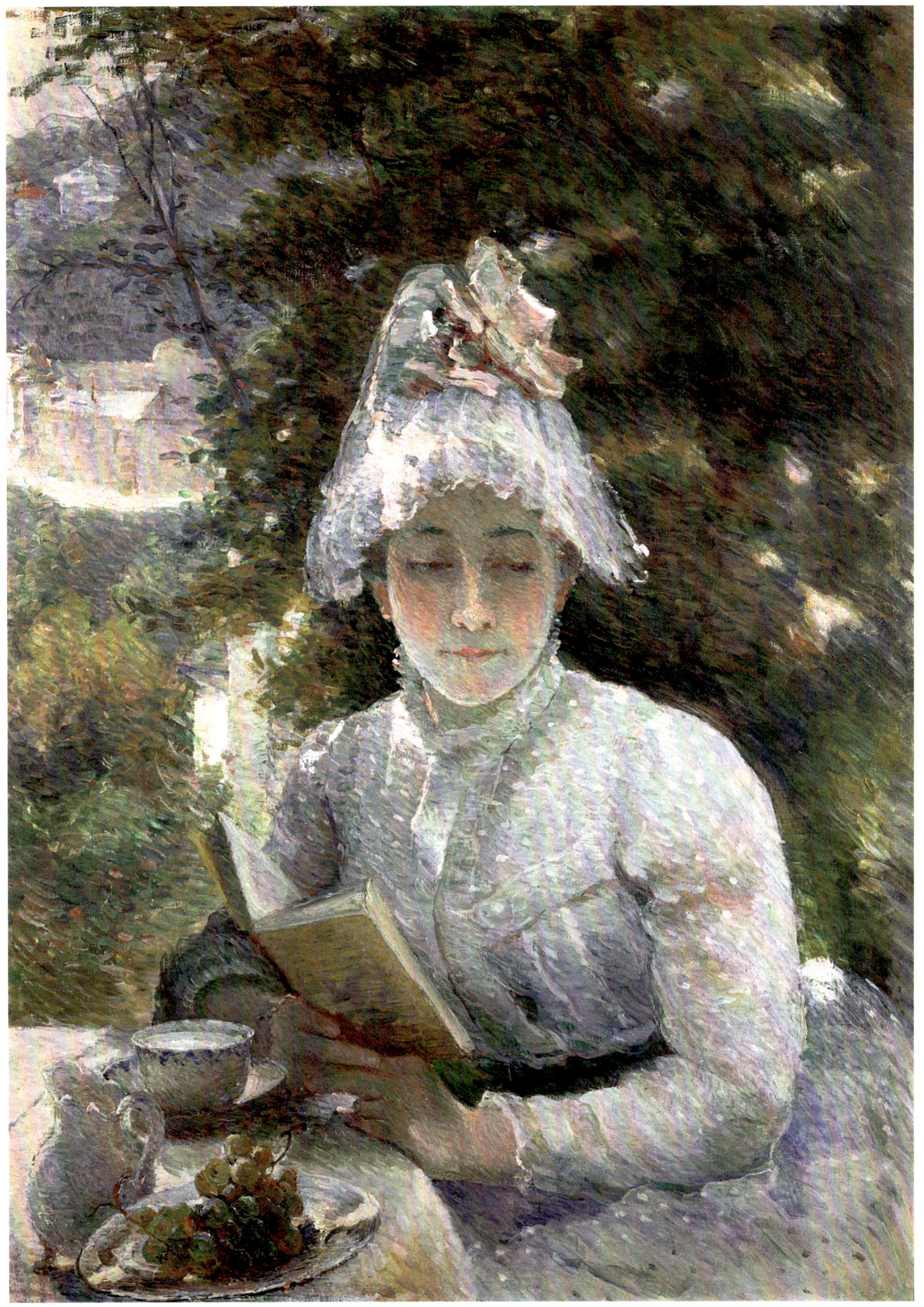

Gustave Caillebotte

Los acepilladores de parqué, 1875

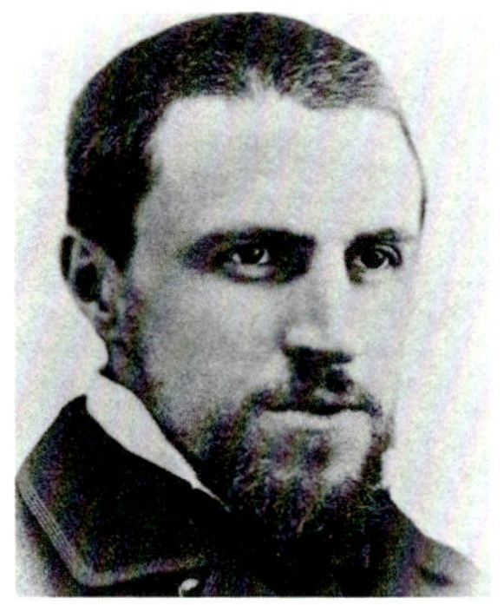

n. 1848 en París
f. 1894 en Gennevilliers

Gustave Caillebotte se unió al círculo de los impresionistas a comienzos de la década de 1870. Había empezado a pintar bajo la influencia de Monet y los amigos de este, primero de modo autodidacta. Después se matriculó en la École des Beaux-Arts, para estudiar Arte. Caillebotte tenía suficientes recursos económicos, lo cual le hacía ser la excepción entre los impresionistas. Podía permitirse el lujo de comprar cuadros de sus amigos, para ayudarles. La colección que logró reunir de ese modo la donó al Estado francés con la condición de que se presentara en gran parte al público. Cuando murió, en 1894, Renoir —su albacea— topó con grandes dificultades a la hora de entregar la colección al Estado, pues a los responsables de la política cultural les pareció inconcebible presentar en un museo los trabajos impresionistas, que en aquella época aún rechazaba gran parte del público. Renoir solo pudo hacer entrega al Estado de parte de la colección; en esta se incluye *Los acepilladores de parqué.*

Aquí, Caillebotte presenta una estampa del mundo del trabajo. *Los acepilladores de parqué* pertenece al mismo género de motivos que *Las planchadoras* de Degas (hacia 1884, París, Musée d'Orsay), *Las limpiadoras* de Paul Signac (1885/86, Zurich, Stiftung Sammlung E. G. Bührle) o *La lavadora de vajilla* de Camille Pissarro (1882, University of Cambridge, Fitzwilliam Museum). Los impresionistas añaden el mundo laboral urbano a las actividades campesinas que habían representado los artistas de Barbizon. Que Caillebotte —miembro de una burguesía privilegiada que seguía la vida de un bohemio— eligiera un motivo de estas características sorprendió a sus contemporáneos. Y que trabajadores sencillos como estos cepilladores de parqué fueran dignos de ser representados en una pintura de grandes dimensiones era una novedad provocadora en aquel tiempo. Por este motivo, el Jurado del Salón rechazó *Los acepilladores de parqué;* Caillebotte no participó, como se había previsto inicialmente, con esta obra en la exposición oficial de la Academia, sino en la segunda exposición de los impresionistas, celebrada en 1876.

Caillebotte muestra a tres operarios arrodillados, con el torso desnudo, sobre el parqué de una habitación vacía. En la pintura predominan los tonos beis, marrones y negros. La luz que entra por la puerta del balcón del fondo produce un grandioso efecto de contraluz; cae sobre la espalda y los brazos de los trabajadores. Las rayas del barniz oscuro que quedan sobre el suelo brillan a contraluz, mientras que las franjas claras de madera ya acuchilladas hacen aparecer la luz de la puerta y la sombra de los trabajadores más obtusa. Se trata de estudios de movimientos rítmicos, comparables a las bailarinas de ballet o los caballos de carreras de Edgar Degas.

El contraluz y el ritmo del trabajo ocupan también el centro del cuadro de Monet *Los cargadores de carbón* (París, Musée d'Orsay): los barcos con el carbón se descargan a orillas del Sena; los cargadores se balancean a través de largas pasarelas de madera. La luz brilla sobre el río y el puente se extiende como si formara un marco por encima. Es el trabajo de una gran ciudad moderna, que marca el ritmo de la vida. Monet y Caillebotte se presentan aquí como pintores de la vida urbana laboral, y no solo del tiempo libre.

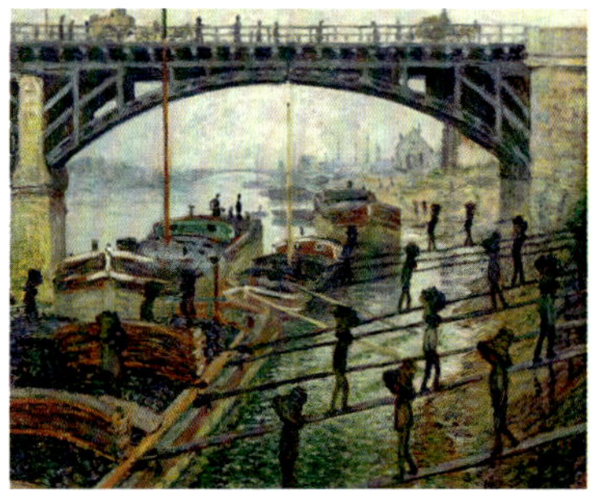

Claude Monet
Los cargadores de carbón, hacia 1875
Óleo sobre lienzo, 54 x 65 cm
París, Musée d'Orsay

Los acepilladores de parqué, 1875
Óleo sobre lienzo, 102 x 146,5 cm
París, Musée d'Orsay

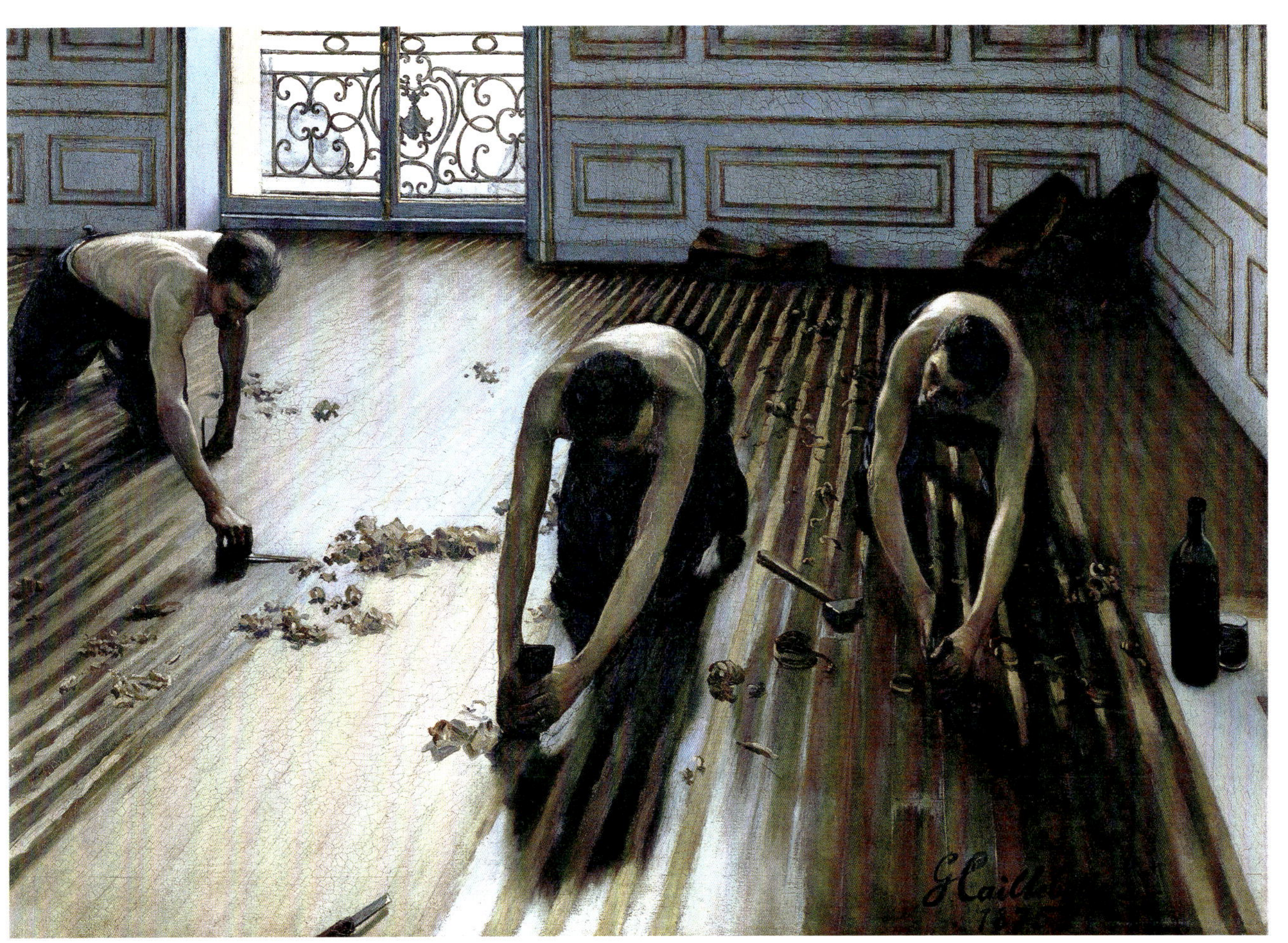

Gustave Caillebotte
Hombre secándose la pierna, 1884

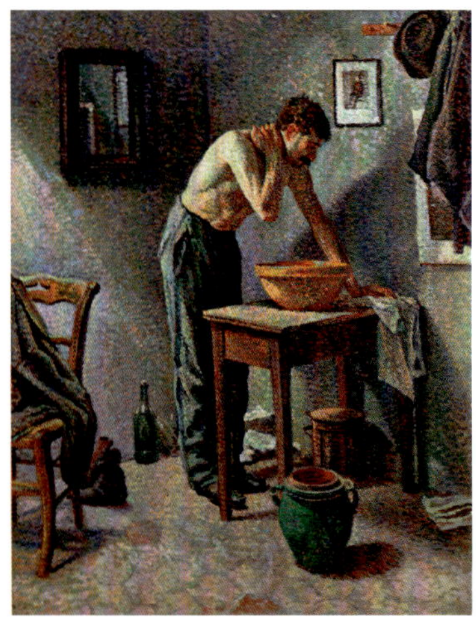

Maximilien Luce
El aseo, 1887
Óleo sobre lienzo, 92 x 73 cm
Ginebra, Musée du Petit Palais

Un hombre acaba de salir de la bañera. Se lo ve desnudo, a la izquierda del cuadro, sentado en una silla y estirando la pierna izquierda, que apoya sobre el borde de la bañera para poder secársela mejor con una toalla. El cuarto, bañado de luz, se representa en esa perspectiva aguda tan típica de la mayoría de las pinturas de Caillebotte.

Para el observador actual, el motivo de género de un desnudo masculino en el acto de secarse es la instantánea de una actividad totalmente ordinaria, cotidiana. Cabe mencionar que Caillebotte varió el tema del hombre en el baño en varios cuadros. En todos ellos se refleja una calidad erótica, casi físicamente palpable. Esto llama mucho la atención, pues Caillebotte componía estos desnudos también como paráfrasis de los estudios anatómicos «clásicos»: se tiene la tentación de asociar un ejemplo contemporáneo de 1884, de una figura de pie en el baño, con un guerrero que podría haber sido representado por el pintor neoclasicista francés Jacques-Louis David (1748-1825). Por el contrario, la atlética figura, sentada en su compleja postura, tiene distantes reminiscencias del repertorio del movimiento desarrollado por Miguel Ángel para los soldados en el baño representados en el fresco (perdido) de *La batalla de Cascina* a partir de 1504.

En la Historia del Arte hay muchas representaciones de cuerpos masculinos desnudos; pero entre los héroes griegos, los guerreros caídos, dioses e imágenes de Cristo no existe hasta ahora ningún hombre en el baño. El baño y todo el ámbito del aseo, como vestirse, peinarse, etc., estaba reservado a las mujeres. Entre los impresionistas, la mujer en el baño ocupó un puesto importante. Solo Degas dedicó más de 200 obras a este motivo. Caillebotte, admirador de Edgar Degas, poseía dos de ellas en su propia colección.

El cuerpo humano se presenta en un contexto nuevo, con lo que se cuestiona la división de papeles: hasta finales del siglo XIX, el hombre aparecía como conquistador, como la figura dominante en todos los niveles de la vida privada y social. Al comenzar la modernidad, el movimiento de emancipación de las mujeres y la imposición social de valores y normas burgueses como la limpieza y la higiene corporal, el papel masculino tradicional se puso en cuestión. Los hombres de Caillebotte son modernos ya solo por el hecho de poseer una bañera, en aquel entonces una novedad absoluta en el ámbito privado, que solo estaba al alcance de las clases medias y altas.

El hombre de *El aseo* de Maximilien Luce (Ginebra, Musée du Petit Palais) no se puede permitir tal lujo: se lava, como era entonces usual, con una jofaina sobre una mesa; los demás objetos indican asimismo que se trata de una persona perteneciente a las clases bajas. El neoimpresionista Maximilien Luce recogió el motivo del hombre aseándose tan solo unos años después de Caillebotte y lo combinó con el nuevo estilo de pintura instaurado por Paul Signac y Georges Seurat. El colorido, extraordinariamente intenso, se aprecia especialmente si se compara con la suave paleta de colores de Caillebotte. Luce elevó este juego de colores que impregna todo el cuadro con la incidencia de la luz desde un lado. La sombra del hombre inclinado hacia delante cae sobre la pared derecha, creando una forma fascinante, fuera de lo común. El marco en la pared, detrás del tronco del hombre, donde podría esperarse un espejo, resulta ser —si se observa detenidamente— no un reflejo que amplía el espacio representado, sino un «cuadro dentro del cuadro», un nuevo juego de luz y color.

Hombre secándose la pierna, 1884
Óleo sobre lienzo, 100 x 125 cm
París, Galería Brame & Lorenceau

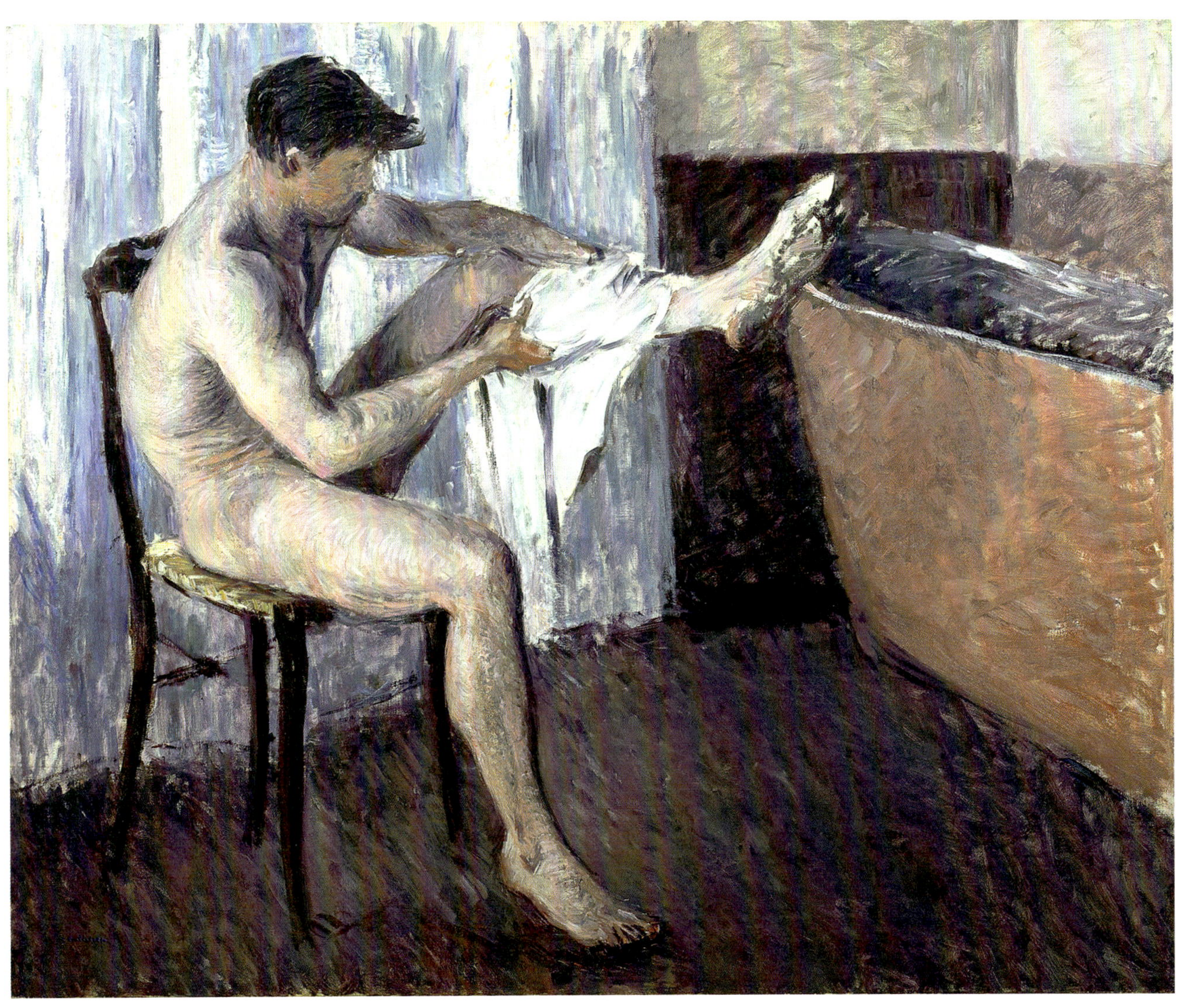

Mary Cassatt
Mujer con collar de perlas en un palco, 1879

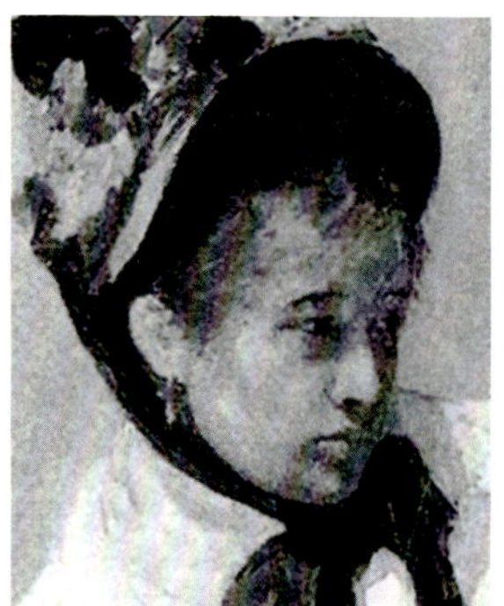

n. 1844 en Allegheny City
f. 1926 en Mesnil-Théribus

A diferencia de Marie Bracquemond, Mary Cassatt, extranjera en París, gozaba de expectativas profesionales relativamente buenas. Muchas artistas norteamericanas disfrutaban de mejores oportunidades en París que en su propio país, aún muy inmerso en las convenciones burguesas.

Mary Cassatt se trasladó a París en 1865, para continuar su formación artística. Desde 1868 participó asiduamente en las exposiciones del Salón; fue además la única artista norteamericana en participar en varias exposiciones de los impresionistas. El retrato de una *Mujer con collar de perlas en un palco* se presentó primero en la cuarta exposición de los impresionistas, donde se dedicó una estancia a las obras de Mary Cassatt con motivos del teatro y de la ópera. Este cuadro fue uno de los pocos que se vendieron en la exposición; lo adquirió el coleccionista francés Alexis Rouart.

El contacto con los pintores impresionistas se estableció sobre todo a través de Edgar Degas, que se había convertido en su amigo y mentor. Al igual que Degas y Renoir, también Mary Cassatt reprodujo los grandes teatros y la ópera de París como centros de la cultura y de la vida modernas. Con su brillo, noche a noche, y la multicolor afluencia de público, ofrecían numerosos motivos.

En sus cuadros del teatro, Cassatt se concentró no tanto —como hizo Degas— en lo que ocurría en el escenario o en el foso de la orquesta, sino que dedicó su atención al público femenino. Son las espectadoras del teatro las que, en sus cuadros, se convierten en objetos de observación: por un lado, por las miradas del público; por otro, por la mirada del observador del cuadro. El tema del teatro pasa a un segundo plano, pues constituye tan solo el marco en el que se presenta la espectadora. La exhibición del atractivo físico, ya sea paseando en el parque o asistiendo al teatro, forma parte del papel que desempeña la mujer a finales del siglo XIX. Las espectadoras de Mary Cassatt parecen ser conscientes de ello. Los abanicos que sostienen en la mano, que podrían servir de protección visual, permanecen cerrados. Esto queda especialmente claro en *En el palco* de 1878 (Boston, Museum of Fine Arts) con el hombre que se asoma de su palco y no observa a la mujer que acompaña, sino que con sus prismáticos fija su mirada en la espectadora del primer plano. Esta, a su vez, dirige la mirada al escenario. También la mujer del collar de perlas es observada, en su palco, por el público que aparece en el fondo del cuadro. Ella, a su vez, no mira al escenario, sino a los puestos del palco que aparecen en el espejo detrás de ella. Al situar un espejo inmediatamente detrás del sillón rojo, Cassatt consigue un sorprendente efecto espacial. La elegante curvatura de los puestos del palco solo se aprecia en este reflejo, que es lo que crea este efecto espacial curiosamente plano. La luz refulgente de la lámpara de araña no solo se vierte hacia delante, por encima de la mujer del collar de perlas, sino que con el reflejo produce un contraluz. La luz brilla sobre sus hombros desnudos y blancos, descansando sobre el guante de la mano derecha, con la que sostiene el abanico. Todo el cuadro parece bañado en una luz roja y dorada; puede considerarse como una de las obras de mayor armonía cromática de Cassatt.

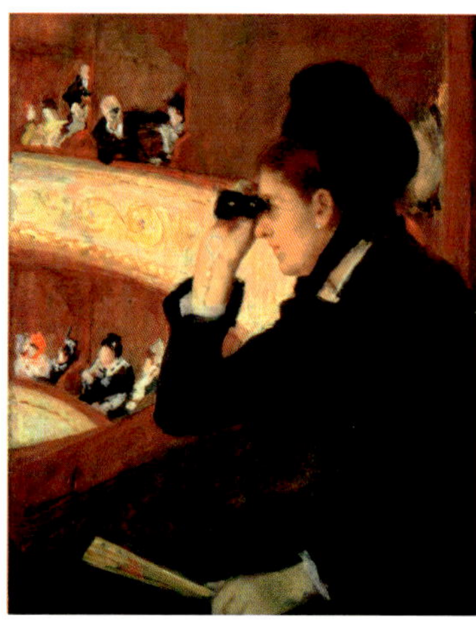

En el palco, 1878
Óleo sobre lienzo, 80 x 64,8 cm
Boston, Museum of Fine Arts,
Charles Henry Hayden Fund

Mujer con collar de perlas en un palco, 1879
Óleo sobre lienzo, 81,3 x 59,7 cm
Philadelphia Museum of Art,
legado por Charlotte Dorrance Wright

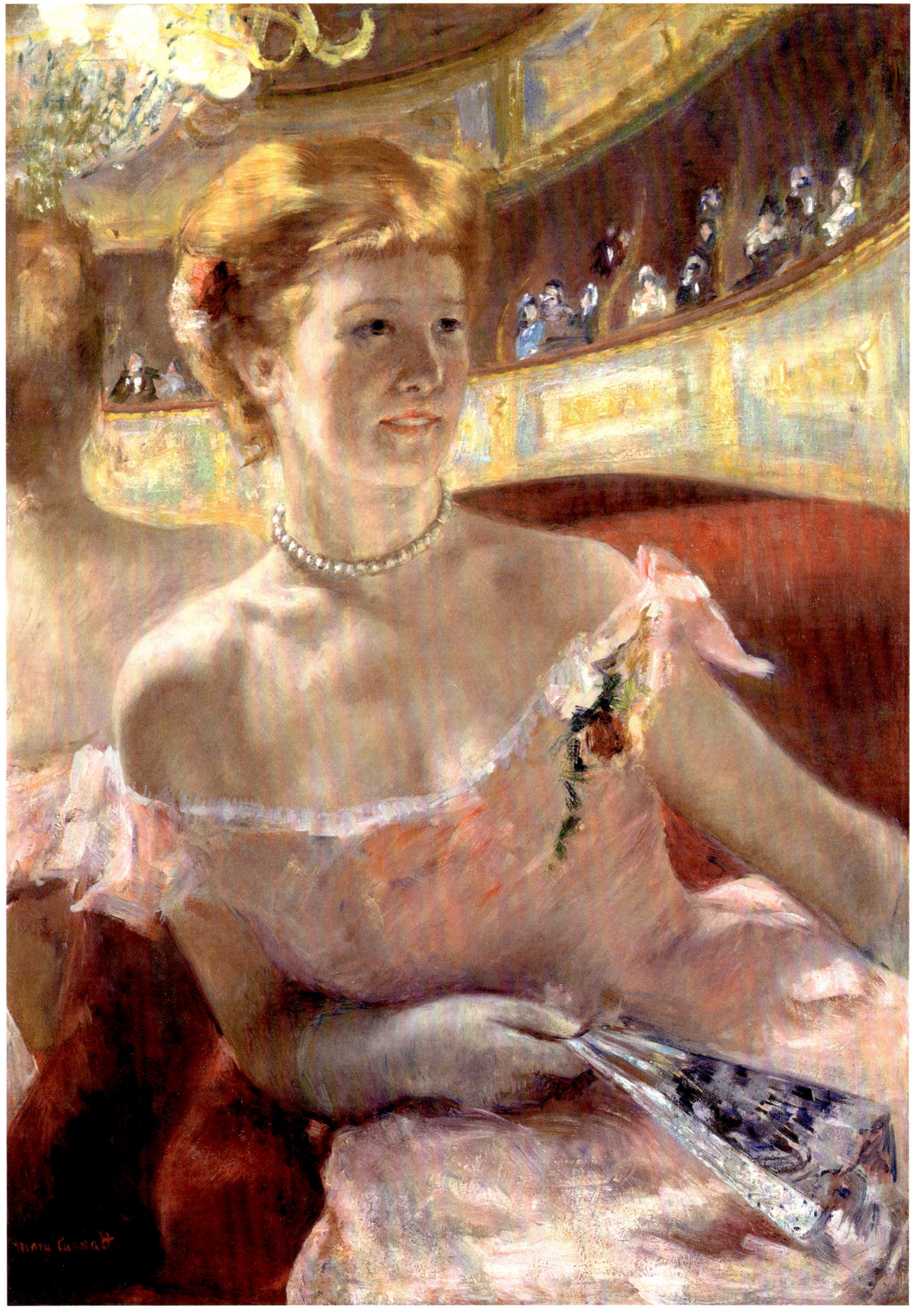
Mary Cassatt

Mary Cassatt

Mujer sentada con un niño en brazos, hacia 1890

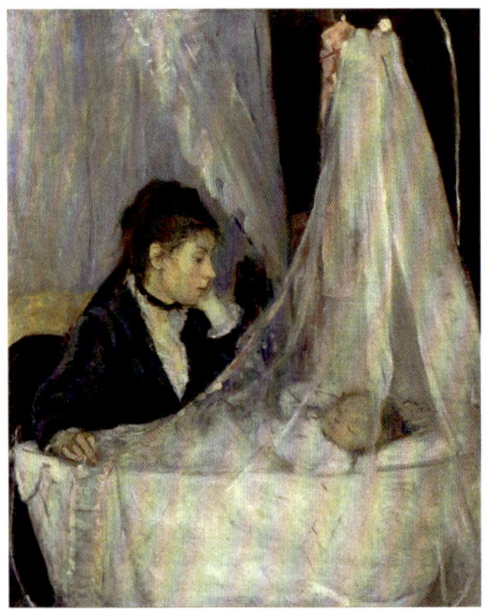

Berthe Morisot
La cuna, 1872
Óleo sobre lienzo, 56 x 46 cm
París, Musée d'Orsay

Mary Cassatt representó a mujeres en casa, en el teatro, en el parque o en el autobús, pero nunca en lugares que hubieran resultado inconvenientes para una dama de la burguesía acomodada, como un café. Cassatt nunca participó en las tertulias y debates que los impresionistas celebraban por las noches, por ejemplo en el Café Guerbois, pues tales establecimientos no estaban considerados como lugares honestos para una mujer de la burguesía. Es, por tanto, un mundo exclusivamente femenino y burgués el que nos presenta Cassatt; lo que nos muestran Mary Cassatt y Berthe Morisot, con sus representaciones de madres e hijos, es la esfera diaria propia.

Sobre los impresionistas, Cassatt escribió: «Yo ..., en condición de coiniciadora de la exposición independiente, he de aferrarme a mis principios, a nuestros principios: ningún jurado, nada de medallas ni de premios. Nuestra primera exposición se organizó en 1879 y fue una protesta contra las actividades oficiales y no una asociación de artistas del mismo estilo. Desde entonces nos denominaron «impresionistas», denominación que puede ser cierta en el caso de Monet, pero que no puede tener ningún significado en relación con el nombre de Degas. La libertad es el bien supremo en este mundo y la liberación de la tiranía de un jurado es un objetivo por el que merece la pena luchar, pues ninguna otra profesión está tan esclavizada como la nuestra».

Mary Cassatt pone en el centro de la atención la representación del niño. La madre, cuya espalda queda además semioculta por el respaldo de la silla, solo está caracterizada por el oscuro nudo del cabello y el vestido blanco. El niño desnudo se dirige al observador, echado sobre el hombro de la madre. La jofaina, la jarra de agua y los otros utensilios de baño ilustran, en la obra de Cassatt, la atención de la madre por la limpieza y, en sentido figurado, por la pureza e inocencia del niño. La piel rosa del niño parece reflejar el calor de la madre.

Especialmente digna de atención es la técnica pictórica de Cassatt, que se fue desarrollando a lo largo de la década de 1880. El carácter de bosquejo de la representación queda subrayado por la pincelada libre y rápida y por el carácter «inconcluso» de la pintura: algunas partes del lienzo quedaron sin pintar. Se produce así la impresión de que la pintora reprodujo una impresión inmediata y espontánea, concentrándose tan solo en lo esencial. Mary Cassatt se presenta en esta obra como una maestra de los tonos rojos.

La cuna, la obra más conocida de Berthe Morisot, que se presentó en la primera exposición de los impresionistas, en 1874 (París, Musée d'Orsay), se concentra sobre la madre del pequeño; se trata de la hermana de Morisot, Edma. Esta ha retirado el dosel de muselina de la cuna. Con la cabeza apoyada en la mano, mira ensimismada al niño. Morisot armoniza aquí los gestos de las personas entre sí: también el niño se lleva la mano a la cabeza. El visillo de la cuna encuentra, a su vez, su correspondencia en el visillo que aparece al fondo de la estancia.

En este cuadro dulce, Morisot juega con las graduaciones del blanco: hay tonos blancos rojizos y amarillentos en la cuna, y un blanco con fuertes tonos azules en el ámbito de la ventana. La clara composición está marcada por la línea vertical entre el visillo y la pared, apoyada por la distribución diagonal de claros y oscuros. De este modo, la composición y los colores mantienen un gran equilibrio entre sí.

Mujer sentada con un niño en brazos, hacia 1890
Óleo sobre lienzo, 81 x 65,5 cm
Museo de Bellas Artes de Bilbao

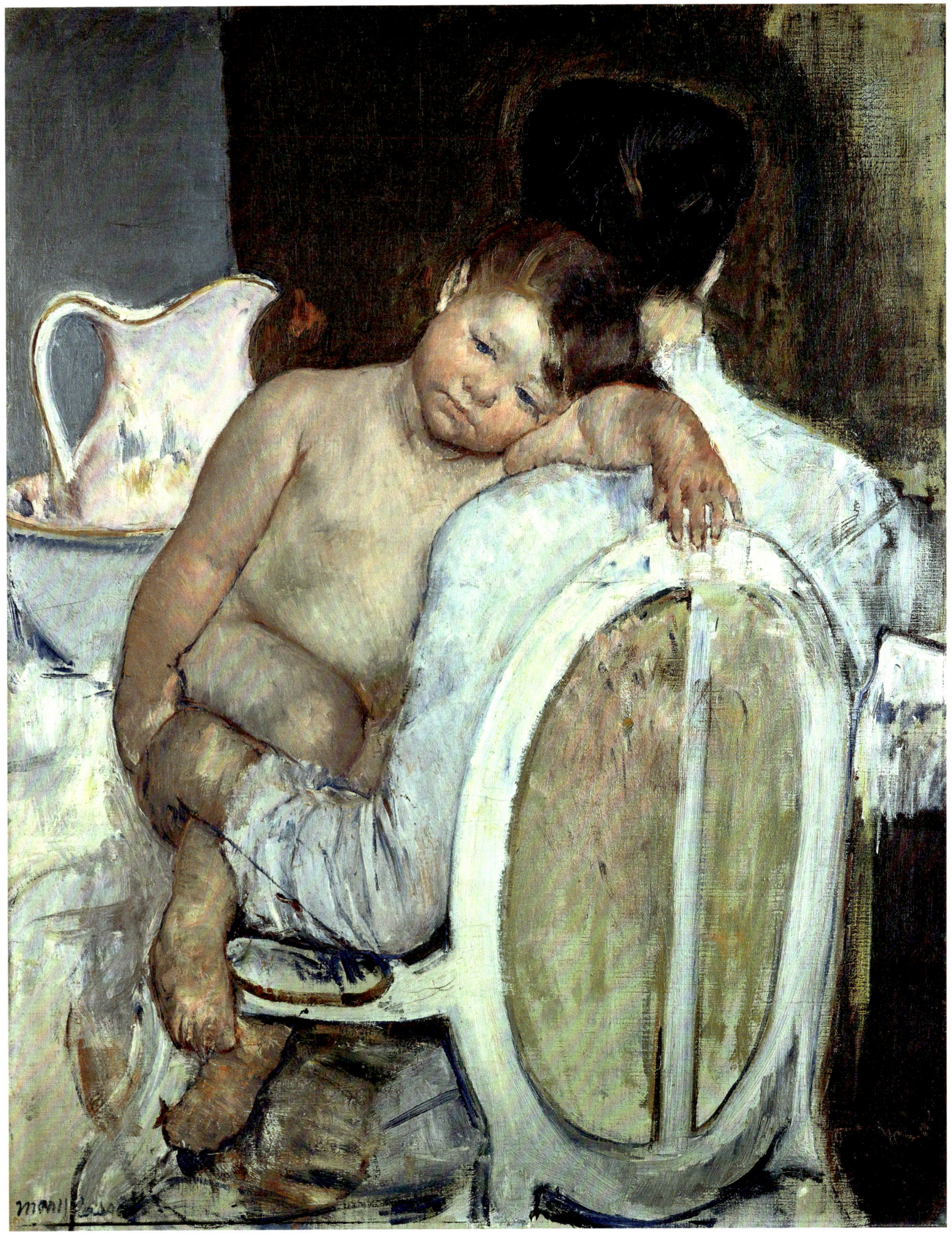

Edgar Degas

Bailarina descansando, hacia 1879

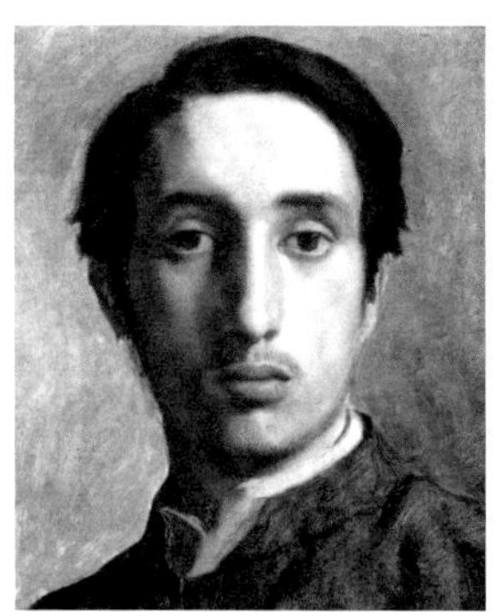

n. 1834 en París
f. 1917 en París

Para los amantes del arte, el nombre de Degas está hoy en día estrechamente unido a las bailarinas que representó frecuentemente. Cientos de lienzos, pinturas al pastel, grabados y también fotografías convierten a las bailarinas en el motivo de mayor presencia en la obra de Degas. A Degas le fascinaban el movimiento de las bailarinas y el ambiente del escenario, como expresión del mundo moderno de la gran ciudad. La elegancia y la facilidad de movimientos de las bailarinas eran el resultado de un entrenamiento repetido una y otra vez y de mucha disciplina. Degas muestra las horas de ensayo y de clases, así como sus actuaciones vespertinas. Sus reverencias ante el público y la extenuación que sentían tras actuar proporciona una interesante visión de su vida laboral: en definitiva, sus bailarinas forman parte de la misma serie que *Los acepilladores de parqué* de Caillebotte (il. pág. 37) o *Los cargadores de carbón* de Monet (il. pág. 36).

Degas era capaz de entusiasmarse extraordinariamente con las nuevas técnicas y sentía una gran curiosidad por ellas. Fue el artista que más experimentó entre los impresionistas, y el que se mostró siempre más abierto a las innovaciones. A finales de la década de 1870 descubrió su pasión por la fotografía y por las modernas artes gráficas. Además, hizo varias esculturas de bailarinas y dedicó una de sus poesías a la bailarina. Degas seguía «a una pasión irrefrenada por el experimento, por lo fuera de lo común o también por el azar planeado». Ingres, el autor neoclásico de la primera mitad de siglo, por quien Degas sentía una profunda admiración, había empleado ya técnicas gráficas: había utilizado las posibilidades que ofrecía la técnica de reproducir las representaciones con los lados invertidos. Degas también lo integró en su obra. Después de hacer muchas fotografías de una bailarina, revelaba un positivo, un negativo y una copia con los lados invertidos.

En Ingres, Degas admiraba sobre todo la capacidad de crear, con la línea que constituye el contorno del cuerpo, una representación casi ornamental, bidimensional. La consecuencia era que los cuadros de Ingres no siempre reflejan las propiedades anatómicas, sino que responden a una idea estética. En una ocasión, Degas dijo que la importancia de Ingres radicaba «en haber superado, mediante el arabesco formal, un dibujo exclusivamente enfocado a la corrección de las proporciones». Degas lo continuó y, sobre todo al final de su vida, mostró la gran importancia que daba a los contornos del cuerpo femenino. Crea entonces formas ornamentales, de arabesco, que continúan en el estilo modernista del siglo XX.

Degas buscaba la expresión artística en los diferentes medios de su tiempo. Movimiento, música y danza forman una serie inusual. En su poesía *Bailarina,* Degas juega con varios planos semánticos. Al mencionar Cítera, la isla griega donde domina Afrodita, Degas remite al célebre cuadro de Antoine Watteau *El embarque a Cítera.* Degas ironiza las ideas estéticas de su tiempo cuando el elegante movimiento de la danza se convierte en un torpe salto de la rana y la bella bailarina en un feo sapo.

Bailarina descansando, hacia 1879
Pintura al pastel y aguada sobre papel, 59 x 64 cm
Colección particular

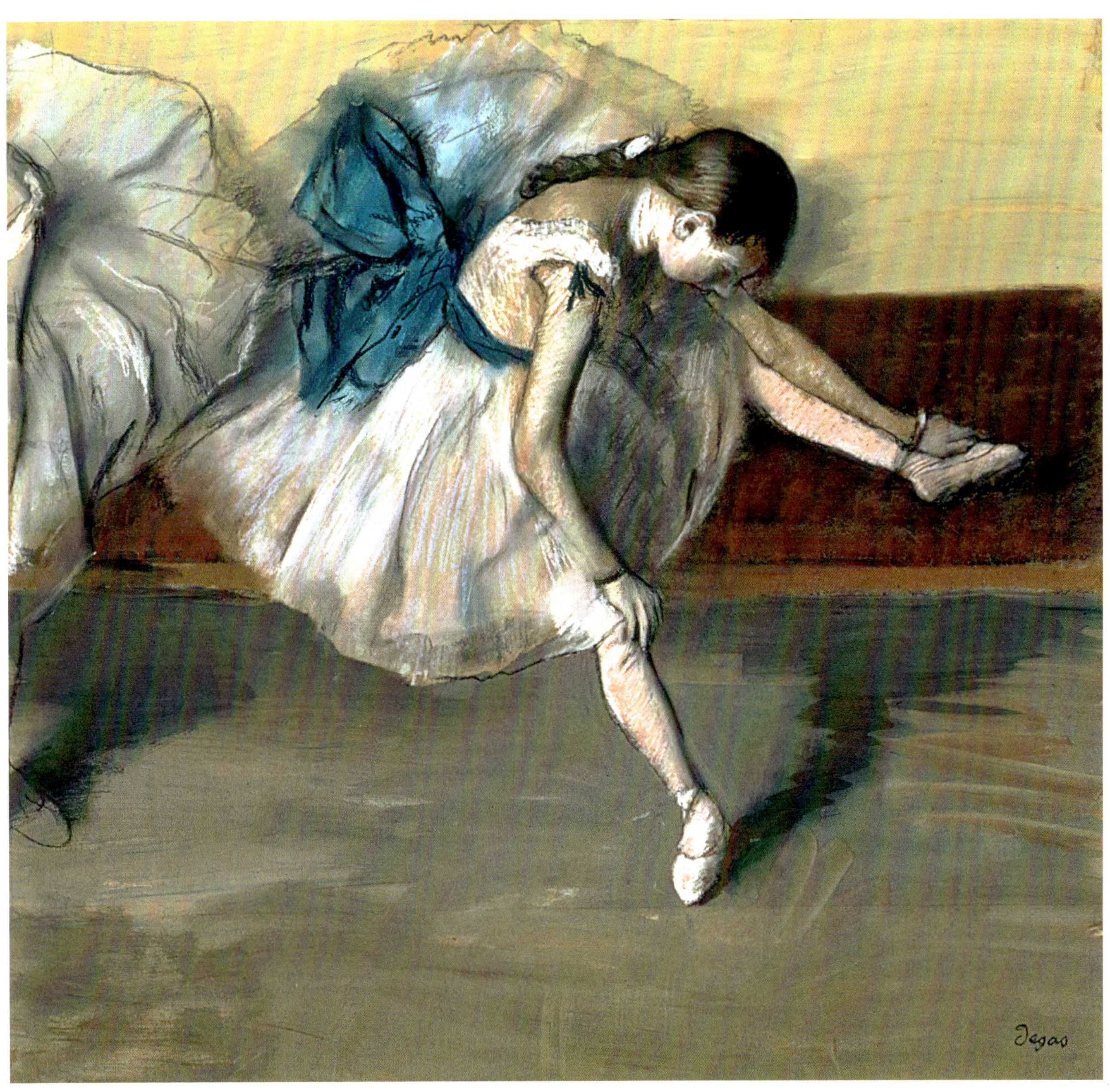
Degas

Edgar Degas
El ajenjo, 1876

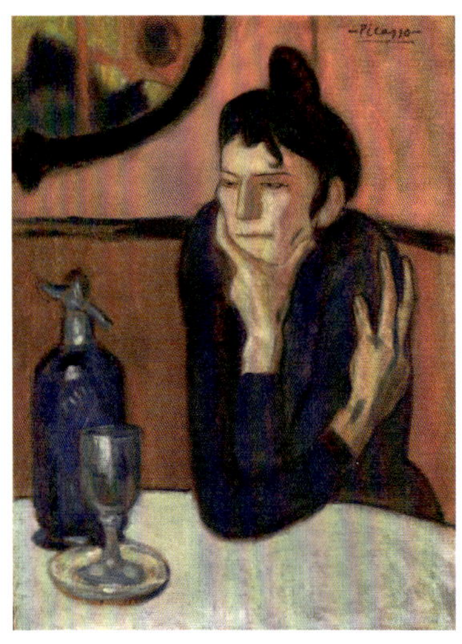

Pablo Picasso
La bebedora de ajenjo, 1901
Óleo sobre lienzo, 73 x 54 cm
San Petersburgo, Museo del Ermitage

Cuando se presentó en la segunda exposición de los impresionistas en París (1876) y en el invierno siguiente en Londres, este cuadro llevaba un título más inofensivo: *En un café.* Degas muestra a una mujer y a un hombre, sentados uno junto al otro; la mujer, con una copa de ajenjo delante de ella, sobre la mesa; el hombre, humildemente vestido, está fumando una pipa. Entre los críticos ingleses contemporáneos se impuso la denominación *El ajenjo* para este cuadro, inspirado al parecer en una novela de Émile Zola. Un modelo conocido, Ellen Andrée, que trabajó frecuentemente para los artistas, y el grabador Marcellin Desboutin posaron aquí para Degas. Los dos aparecen sentados en el Café de la Nouvelle Athènes, un punto de encuentro de los amigos pertenecientes al círculo de los impresionistas.

Degas representó a Desboutin, fumando en pipa, en idéntica pose en una litografía. Otro cuadro de Degas, también de ese mismo año, muestra a Desboutin con el común amigo Ludovic Lepic. Una año antes que Degas, Édouard Manet había terminado un retrato de Desboutin. La obra de Manet *El artista* (1875, Museu de Arte de São Paulo) presenta a Desboutin de nuevo con un sombrero abollado, echado osadamente a un lado. El cuello, cerrado y con un pañuelo formando un lazo suelto, aparece en todas las representaciones. Degas sigue a Manet en esos detalles, pero convierte el motivo y la composición en algo completamente distinto, pues no sitúa a Desboutin en el centro, sino tan escorado a un lado que su figura queda cortada por el margen del cuadro. La mujer, asimismo desplazada a un lado, subraya la impresión de una instantánea espontánea e inmediata. Las rápidas pinceladas que insinúan el vestido proporcionan la impresión de un boceto.

La composición está definida por las líneas oblicuas de las mesas y del respaldo de la silla, entre las cuales las figuras parecen estar prisioneras. Esta disposición marcadamente asimétrica está inspirada en las xilografías japonesas que Degas admiraba. El artista deja incidir, inmisericorde, una luz clara sobre la miseria de las figuras; las oscuras sombras de sus cabezas en el espejo parecen duplicar su desgracia. Sobre la mesa, en el lado de la mujer, Degas situó una pequeña naturaleza muerta impresionista: una botella vacía sobre una bandeja de plata.

La mujer bebiendo ajenjo se convirtió en una metáfora del lado oscuro de la Modernidad. Es sinónimo de la soledad y el desamparo, del anonimato y la dureza de la vida moderna en la gran ciudad. Otro pintor moderno, Pablo Picasso, representó después del cambio de siglo esa misma figura simbólica en varias ocasiones. En su cuadro *La bebedora de ajenjo* de 1901 (San Petersburgo, Museo del Ermitage) se acerca aún más a la mujer; renuncia así a la distancia y delimitación que en Degas aún se aprecian claramente. La bebedora de ajenjo de Picasso también aparece sentada en un café; el espejo enmarcado de la pared ofrece un reflejo mate de las luces. Sobre la mesa se encuentra una copa llena de la bebida de color verde, junto a una botella vacía. Los reflejos, la luz intensa y dura sobre el rostro de la mujer y los colores predominantes remiten al estudio del impresionismo por el joven Picasso desde la década de 1890. Ya en ese decenio, Picasso estudió motivos y técnicas del impresionismo.

El ajenjo, 1876
Óleo sobre lienzo, 92 x 68 cm
París, Musée d'Orsay

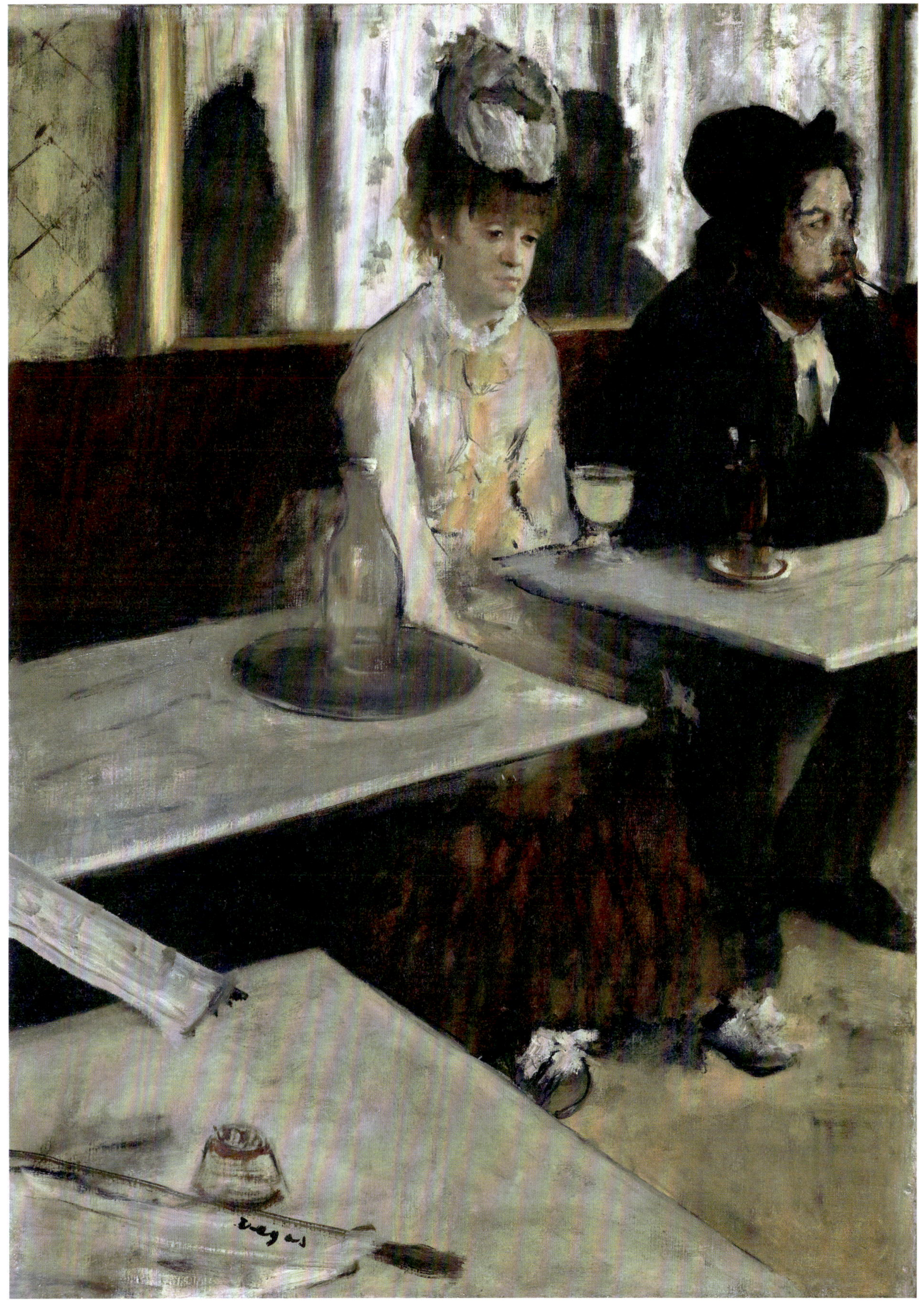

Vincent van Gogh

Retrato del Père Tanguy, 1887

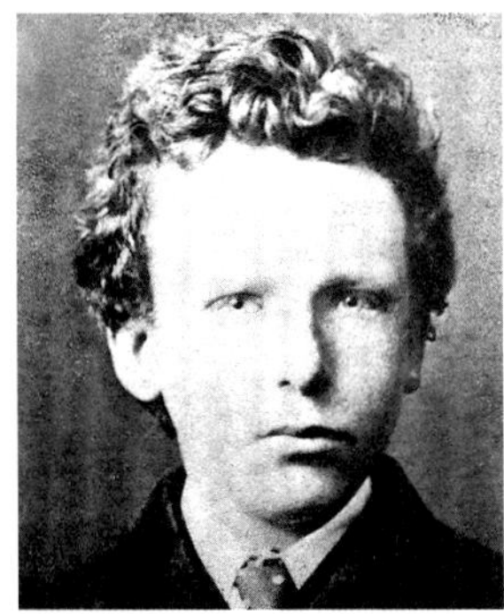

n. 1853 en Groot-Zundert
f. 1890 en Auvers-sur-Oise

Van Gogh retrató a su amigo, el comerciante de pintura Julien Tanguy, a quien los artistas impresionistas llamaban «Père Tanguy», en tres versiones distintas. Este, el último retrato, es del invierno de 1887. Tanguy era una institución importante tanto para los artistas de Barbizon como para los impresionistas: ofrecía a pintores que no disponían de medios la única posibilidad de conseguir los materiales necesarios, pues estaba dispuesto a darles pintura y lienzos a cambio de sus cuadros. De ese modo se convirtió en el primer coleccionista de las obras de Cézanne. Su comercio se convirtió en un punto de encuentro de los pintores y una sala de exposiciones para sus obras. Además, él era un amigo paternal de los pintores. «Es un hombre bueno y gracioso; pienso frecuentemente en él», escribió Van Gogh a su hermano desde Arles. «No te olvides de saludarle de mi parte ... Dile que si necesita cuadros para los escaparates le puedo enviar algunos desde aquí: los mejores». Tanguy tenía un buen número de las más maravillosas obras de Van Gogh en depósito en su tienda.

Durante toda su actividad artística, desde 1882 hasta que se suicidó, en 1890, Van Gogh trabajó con un «amor sensual por los materiales» y un énfasis existencial de los que carecían sus predecesores impresionistas. Mientras que Cézanne, Seurat y Pissarro ralentizaron el proceso pictórico en la década de 1880, Van Gogh lo aceleró y creó una obra increíblemente amplia en tan solo unos años. «Pues solo siento la vida si trabajo como un salvaje». Esa pintura rápida, espontánea, inmediata da a su obra un aspecto fuertemente impresionista.

«Pero el pintor del futuro es un colorista como no había existido hasta ahora. Manet le preparó el camino, pero tú sabes muy bien que los impresionistas trabajaron más intensamente con el color que Manet».
— VINCENT VAN GOGH

Van Gogh compuso frontalmente a Père Tanguy, quien aparece sentado, con las manos entrelazadas, una pose que conoce de los retratos de Rembrandt. La pared que se ve tras Père Tanguy está cubierta de estampas japonesas, que Van Gogh había comprado por poco dinero de Siegfried Bing, el especialista en arte japonés en París. Una representación del monte sagrado Fuji (Fujijama) cuelga, en otro de los retratos de Père Tanguy realizados por Van Gogh, directamente tras la cabeza del retratado. El monte parece una traducción plástica de la figura y la personalidad de Tanguy, y sobre todo de su dignidad y humanidad.

El pintor Émile Bernard era íntimo amigo de Van Gogh y Gauguin. Van Gogh soñaba con una comunidad de artistas formada por esos amigos en su casa de Arles. Los dos, Van Gogh y Bernard, trabajaron en sus retratos de Père Tanguy con el método divisionista de los neoimpresionistas: colocaban puntos o líneas muy juntos unos al lado de los otros y descomponían los colores locales en valores cromáticos individuales. Los dos artistas situaron a su modelo delante de una pared y eligieron un espacio plano similar al que tanto admiraban en las estampas japonesas. A pesar de que Bernard se acerca mucho más a Julien Tanguy, el retrato de Van Gogh es más intenso y recordable. Y de hecho ha conseguido —partiendo del color— representar la realidad «más intensamente». Más tarde, Van Gogh escribió a su hermano Theo: «Si llego a ser lo suficientemente viejo, quizá me vuelva como papá Tanguy. Claro que no conocemos nuestro futuro personal. Solo sabemos que el impresionismo perdurará».

Retrato del Père Tanguy, 1887
Óleo sobre lienzo, 92 x 75 cm
París, Musée Rodin

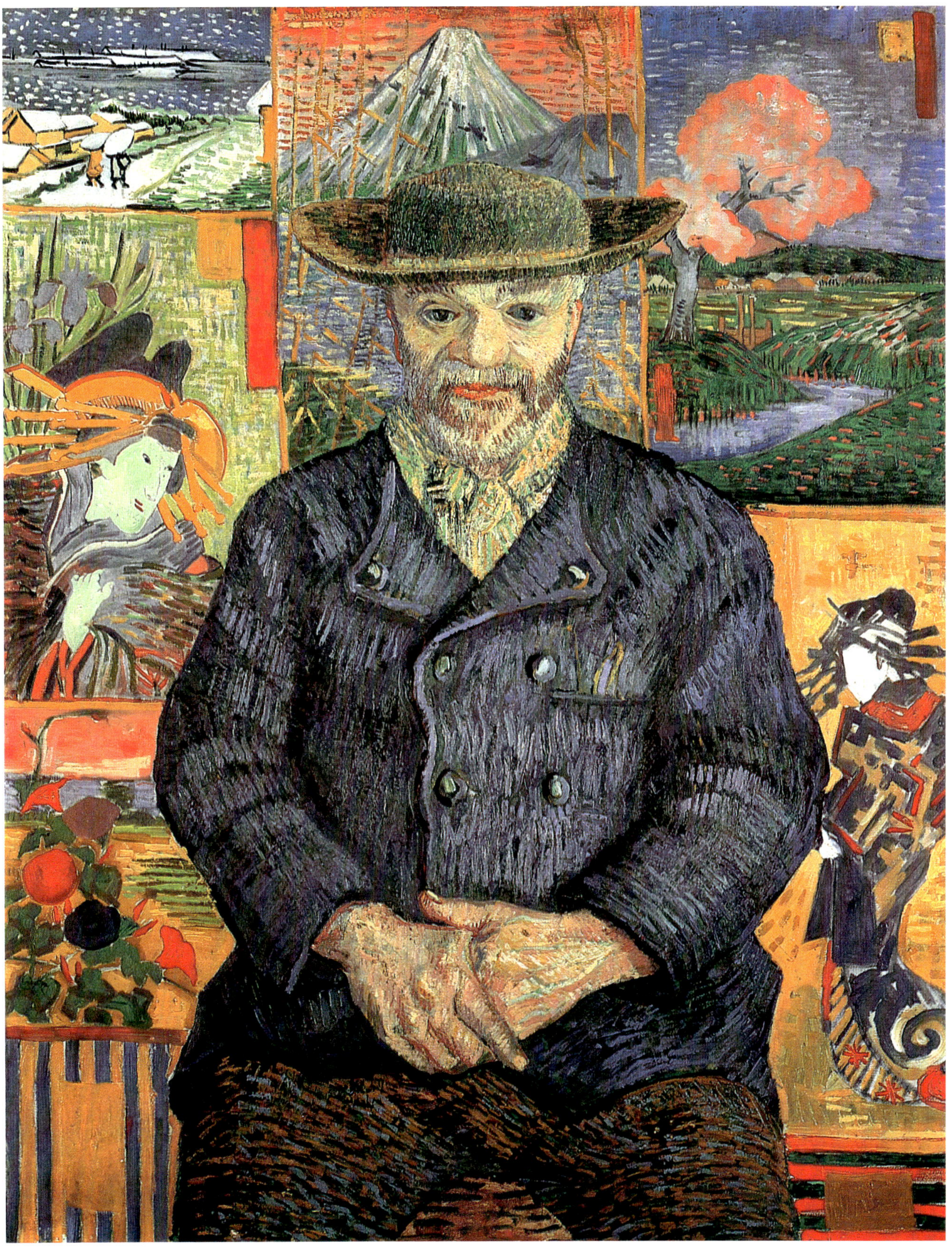

Armand Guillaumin

Puesta del sol en Ivry, 1873

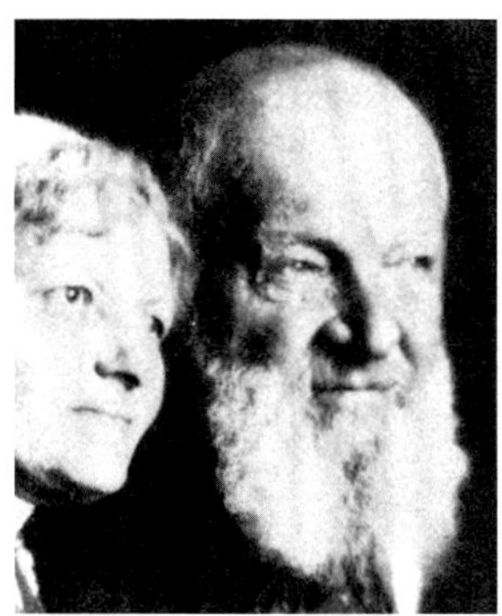

n. 1841 en París
f. 1927 en París

Es una grandiosa puesta de sol en Ivry, a orillas del Sena. El cielo brilla con un tono rojo anaranjado, que se convierte en azul, pasando por el verde. Los fuertes colores se reflejan también en el agua, formando así un fuerte contraste con la hilera negra de árboles, que sobresale —a la derecha del cuadro— mucho más allá de la línea del horizonte. También Daubigny y otros artistas de la Escuela de Barbizon pintaron puestas de sol al aire libre y describieron esos colores brillantes. Sin embargo, mientras que Daubigny se mantiene estrechamente unido a la naturaleza, Guillaumin —con las chimeneas humeantes en el horizonte— muestra el avance de la gran ciudad. El cambio radical que estaba experimentando la periferia de París con las nuevas plantas industriales y la construcción de barrios obreros aparece frecuentemente en los cuadros de Guillaumin. Armand Guillaumin y uno de sus amigos más íntimos de los años de 1870, Paul Cézanne, a quien había conocido —junto a Pissarro— en la Académie Suisse, no se interesan por la vida elegante en los grandes bulevares.

Con esta *Puesta del sol en Ivry* y dos paisajes más, Guillaumin participó en la primera exposición de los impresionistas, en 1874. Y con estos artistas seguiría exponiendo hasta 1886. Mientras que Pissarro, Monet o Sisley habían llevado al lienzo, como de paso, la industrialización de las poblaciones a lo largo del Sena, en 1873 Guillaumin presenta sin idealización alguna varias vistas de los sucios barrios industriales.

El cuadro *El Sena a su paso por Ivry* de 1869 muestra la misma vista del río, con la ciudad al fondo y sus chimeneas humeantes. Este óleo de pequeño tamaño y fijado sobre madera parece un estudio para el lienzo *Puesta del sol en Ivry.* El carácter de boceto hace que la tabla de madera se transparente entre campos de nubes grises y marrones o de un sucio blanco, de modo que el cielo parece estar cubierto de puntos de color ocre.

Se trata de un modo similar de trabajar al que empleó Sisley en su cuadro *El estanque de Marly-le-Roi* (il. pág. 87). Esta sombría impresión ha desaparecido en *Puesta del sol* y en *Nieve en Ivry.* Ahora las fábricas aparecen tan lejos en el horizonte que se perciben como parte del paisaje fluvial. El cuadro *El Sena a su paso por Ivry* de 1869 pasó a formar parte de la colección del Dr. Paul Gachet, amigo del artista y de otros impresionistas. Era el médico que en torno a 1860 había tratado a la madre de Pissarro; como tenía gran interés por el arte, siguió conservando el contacto con Camille Pissarro. Poseía una casa de campo en Auvers, donde también vivía Daubigny, y allí invitaba a los artistas, entre otros a Guillaumin, Cézanne y Pissarro.

Nieve en Ivry es del mismo año y reproduce los edificios grises y negruzcos a orillas del Sena, que sobre la sucia nieve —de la que apenas queda blanco— producen una sensación desoladora. El brillo rojizo sobre el cielo cubierto de nubes revela la posición baja del sol. ¡En ningún lugar se aprecia la nieve blanca virgen, con sus sombras azules, que cautiva en *La urraca* de Monet (il. pág. 68) o *La escarcha, La mañana (Nieve en Eragny)* de Pissarro! En *Nieve en Ivry* de Guillaumin no aparece ninguna urraca sobre un cercado; un hombre de vestido oscuro, con sombrero, anda con dificultad, debido al frío.

En armonía con los otros impresionistas, Guillaumin intenta representar las repercusiones del tiempo y de los cambios de la luz, las sombras sobre la nieve o la desaparición de los colores en el paisaje durante la puesta de sol; solo que él no eligió los lugares del ocio y de las diversiones en zonas verdes, sino los de la industria y del trabajo, temas que ni entonces ni hoy en día se encuentran entre los preferidos por el público. También por este motivo, las obras de Guillaumin han quedado prácticamente relegadas al olvido.

Puesta del sol en Ivry, 1873
Óleo sobre lienzo, 65 x 81 cm
París, Musée d'Orsay

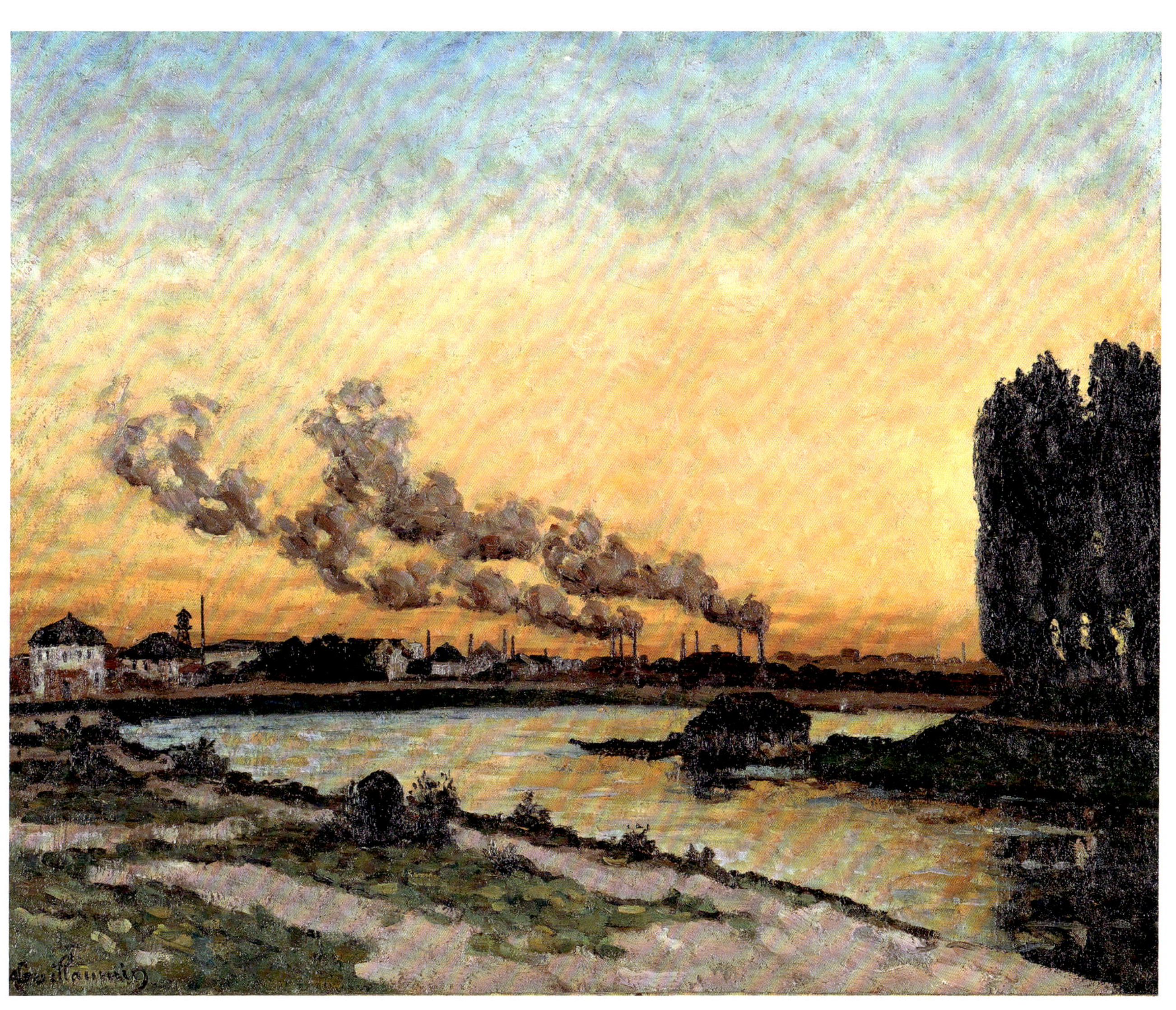

Vassily Kandinsky

La iglesia de San Luis en Múnich, 1908

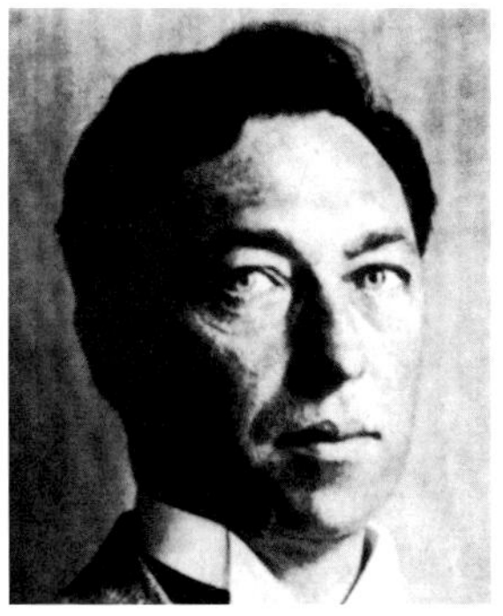

n. 1866 en Moscú
f. 1944 en Neuilly-sur-Seine

La falta de un objeto le confundió, dijo Vassily Kandinsky como reacción al primer cuadro de Monet que había visto en una exposición celebrada en Moscú en 1895. El objeto, por tanto, no era algo inevitable en un cuadro: para Kandinsky supuso un barrunto del arte abstracto.

Como Kandinsky y muchos otros, también Paul Signac se refirió a Monet. El arte neoimpresionista en torno a Signac, a su vez, interesó fuertemente a Kandinsky. Es posible que el artista ruso, que desde 1896 vivía en Múnich, viera la obra de Signac *Capo di Noli* (il. pág. 83) ya en 1901 en Dresde, en una exposición de la Galería Arnold. Como Kandinsky mismo organizó exposiciones con obras neoimpresionistas de Signac, por ejemplo en 1904 la segunda exposición del grupo de artistas «Phalanx» en Múnich, conocía tanto las consecuencias teóricas como prácticas del neoimpresionismo para el arte.

El colorido de Kandinsky siempre llamó la atención. «Entre las obras más sobresalientes se encuentran las de Kandinsky. Era una época en la que aún hacía una pintura completamente figurativa y ofrecía auténticas orgías del color, del mismo modo que llevaba a cabo estudios técnicos serios para conseguir que los colores tuvieran cada vez más brillo y duración». En esto, Kandinsky armonizaba con las ideas de Signac. Lo que puede decirse sobre todo de los motivos primitivos rusos realizados en los años 1903/04, también se puede aplicar a *La iglesia de San Luis en Múnich:* lo decisivo es el brillo de los colores.

Existe aún otra relación más profunda, que atañe a los motivos, entre el cuadro *Domingo (Rusia antigua)* de 1904 (Róterdam, Museum Boijmans van Beuningen) y *La iglesia de San Luis en Múnich,* realizado cuatro años más tarde. Ambas obras muestran a una muchedumbre multicolor ante un muro y una procesión de domingo. El pueblo ante el muro de una ciudad rusa, donde tiene lugar una procesión de jinetes, se corresponde con los espectadores de la procesión que se celebra delante de la iglesia de San Luis en Múnich. Los dos cuadros poseen una llamativa similitud de la arquitectura representada, marcada por arcos oscuros de medio punto. Las grandes puertas de la muralla y los arcos neorrománicos de la iglesia presentan claros paralelismos. Kandinsky hizo continuar esos arcos más vigorosos y oscuros en el paisaje que se extiende delante de la antigua ciudad rusa y los hizo dominar completamente la *Iglesia de San Luis en Múnich.* Las formas semicirculares, casi abstractas, quizá contengan aún un eco de los *Almiares* de Monet. Kandinsky escribió en 1904 a su compañera sentimental Gabriele Münter: «Entonces observé la composición de colores de sol que había comenzado. Los colores los tomé de mi breve excursión de ayer… y los reproduje en una pieza antigua rusa inventada. Colores apasionados, profundos, solemnes que han de sonar en una orquesta. Un tratamiento apasionado, impertinente al comenzar…».

Kandinsky experimentaría con esos colores una y otra vez, en los años siguientes, para crear pinturas abstractas y planas como *La iglesia de San Luis en Múnich.* Ese camino llevó a Kandinsky y a su círculo a desprenderse del objeto y a dar un ritmo al cuadro. Como en Paul Signac y Max Slevogt, también en Kandinsky se aprecia una estrecha relación con la música. En *Domingo (Rusia antigua)* y más claramente aún en la *Iglesia de San Luis en Múnich* son los bajos del órgano, profundos y oscuros, que resuenan en los arcos oscuros, mientras que en el primer plano —y formando un contraste con ellos— se aprecian tonos más claros y brillantes. Realmente es un domingo solemne y brillante, tanto en la antigua Rusia como en Múnich.

La iglesia de San Luis en Múnich, 1908
Óleo sobre cartón, 67,3 x 96 cm
Madrid, Museo Thyssen-Bornemisza,
colección Carmen Thyssen-Bornemisza

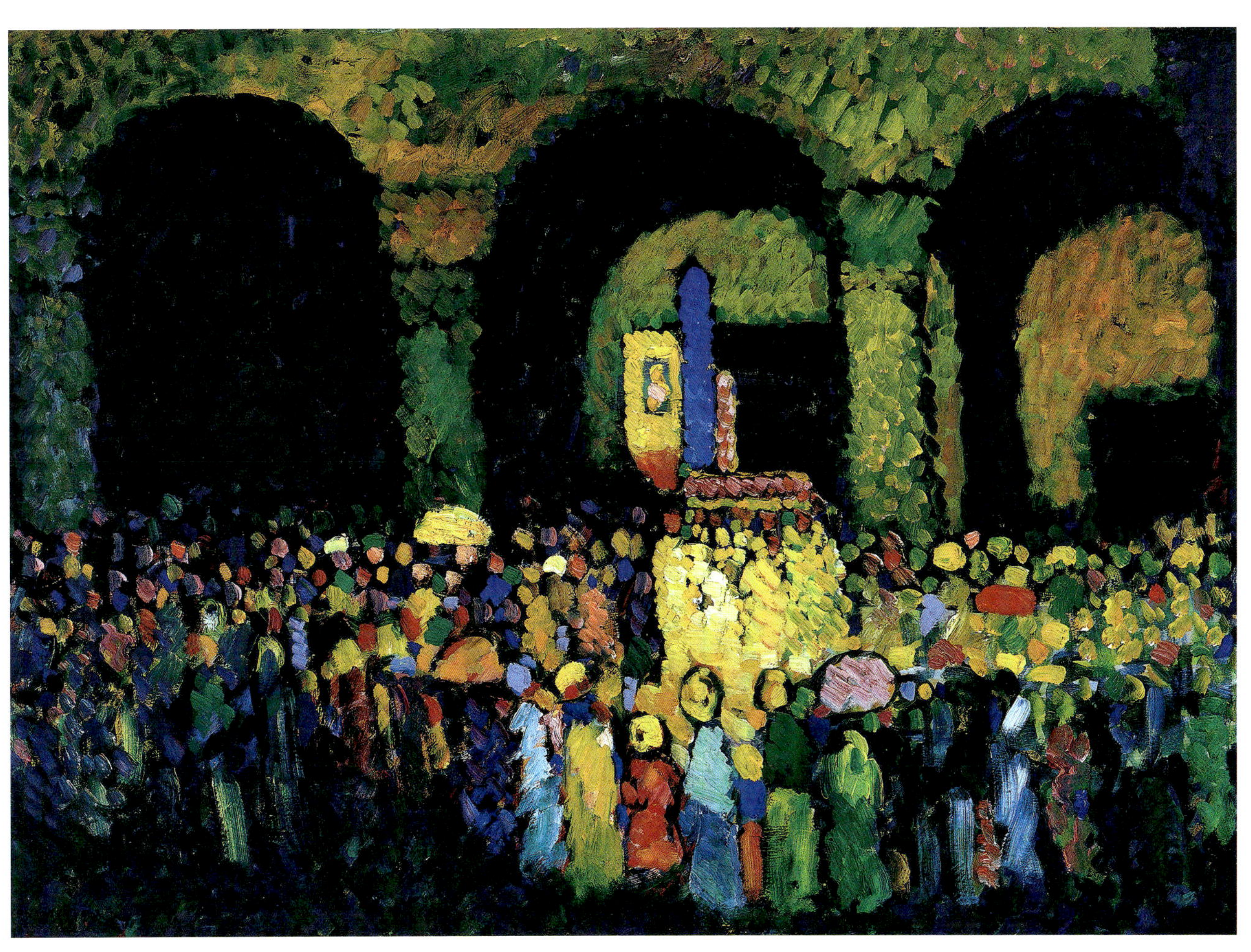

Max Liebermann

Abedules en el jardín de su casa en Wannsee hacia el oeste, 1918

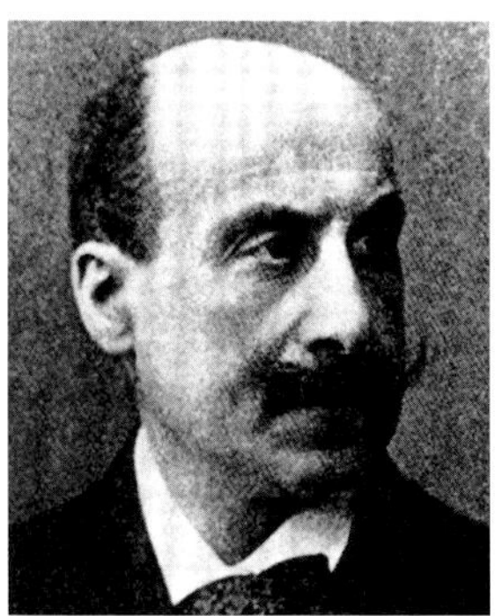

n. 1847 en Berlín
f. 1935 en Berlín

El año en que Liebermann pintó este paseo de abedules en el jardín de su casa de Berlín-Wannsee, el crítico Julius Elias publicó un libro titulado *Max Liebermann en casa*. El libro contiene una serie de dibujos y grabados de la familia de Max Liebermann y también una vista de este refugio de verano, con el jardín a orillas del lago. La dedicatoria del libro, que lleva la fecha del 20 de julio de 1917, se refiere al 70° cumpleaños de Max Liebermann. En el centro de la atención del editor se encuentra Max Liebermann como persona privada, pues «aquí es una persona dedicada a la familia y no en un sentido socialmente limitado... Si su arte presenta un poder capaz de explicar el mundo —afilosóficamente, sencillamente, sin tendencias—, también este pequeño libro de bocetos explica un mundo, SU mundo, una especie de isla misteriosa... Si en su arte buscaba sobre todo la intimidad, él encontraba su mayor intimidad, quizá, en estos "poemas ocasionales" insignificantes, que reproducen de un modo tan puro y alegre sus ideas sobre la poesía de la naturaleza y del hombre». En Barbizon, en el verano de 1874, Max Liebermann había explicado sus intenciones de la siguiente manera: «Buscaba entonces la intimidad en el cuadro».

En sus años de juventud, Liebermann había pasado algún tiempo no solo en Barbizon, sino también en París; sin embargo, entonces no estableció ningún contacto con los impresionistas. En lugar de ello, se dedicó a estudiar a artistas holandeses como Franz Hals o Rembrandt. Probablemente también le influyeron los cuadros de jardín de Édouard Manet; Liebermann poseía algunos de ellos. El cuadro *Abedules en el jardín de su casa en Wannsee hacia el oeste* de Liebermann es un ejemplo de toda una serie de vistas de su jardín que el artista realizó durante esos años. «Aquí se podrían pintar cientos de cuadros», dijo lleno de entusiasmo.

Liebermann se dedicó relativamente tarde al impresionismo, mucho tiempo después de que este estilo hubiera sobrepasado su cénit. En *Abedules en el jardín de su casa en Wannsee* hay tantos aspectos impresionistas, que se puede hablar en justicia de un «impresionismo alemán». Es en este periodo de la creación artística de Liebermann cuando se expresa más fuertemente su dominio en el tratamiento de la luz y del color. El jardín de Liebermann a orillas del lago Wannsee se había creado en los años posteriores a 1909. Los jardines de Monet y de Liebermann son completamente diferentes; Liebermann prefería un conjunto rígido de arriates y un marco de boj. En el jardín de Liebermann, donde —a diferencia de Monet— nunca trabajaba, no existían los exuberantes setos con flores que Monet tanto amaba ni arroyos curvándose.

«El arte es vida y la vida se ha convertido en arte. Arte antiguo o arte moderno: ¡Lo único inmutable es lo vital!».
— MAX LIEBERMANN

En sus composiciones, Liebermann llevaba la mirada siempre a través de varios arriates, para tener en cuenta la geometría del jardín. La inclusión de los numerosos abedules se debe a la «veneración del hogar y de la naturaleza». El paisaje de bosques de Brandemburgo se integra, de este modo, en el jardín. Con los árboles y los setos se diseñan diversos escenarios, que proporcionan vistas siempre nuevas. El jardín se reproduce no solo como lugar de diversión, como complemento del estilo moderno y urbano de vida, sino como lugar de descanso de la agitada vida de la gran ciudad. A veces aparece alguien leyendo en un banco o paseando, mientras que un niño está jugando, vigilado por la gobernanta. En los cuadros de Liebermann se aprecia la nostalgia de la paz y tranquilidad ante el trasfondo de la vida en la gran ciudad.

Abedules en el jardín de su casa en Wannsee hacia el oeste, 1918
Óleo sobre lienzo, 85,5 x 106 cm
Niedersächsisches Landesmuseum
Hannover

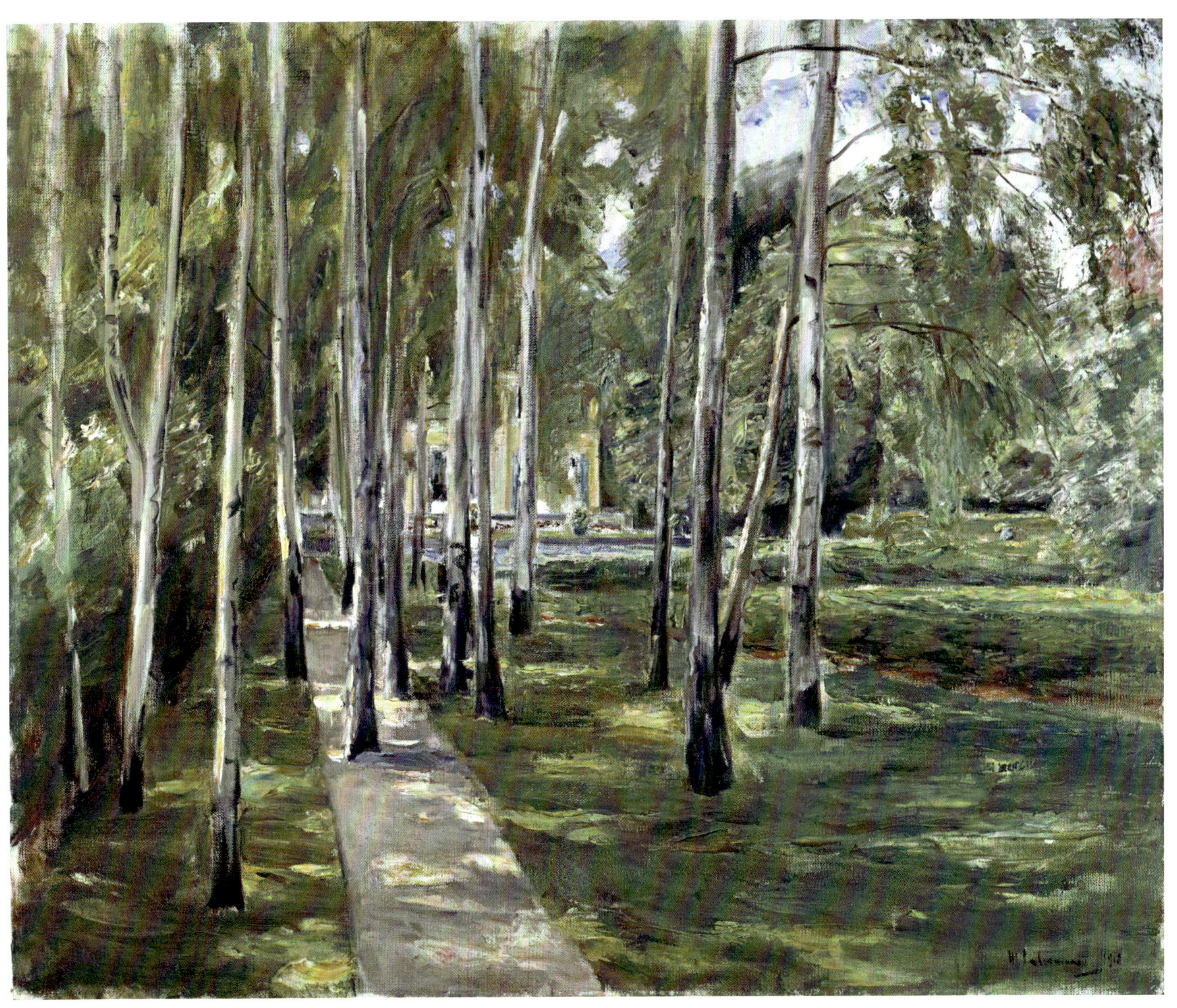

Claude Monet

El Puente de Europa, Estación Saint-Lazare, 1877

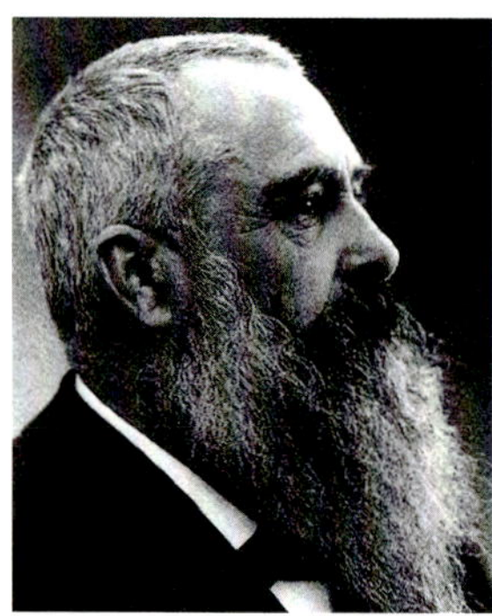

n. 1840 en París
f. 1926 en Giverny

«Monet ha presentado este año unas magníficas vistas interiores de estaciones de ferrocarril. Se oye en ellas el chirriar de los trenes entrando; se ve el vapor que echan y que forma un torbellino en la amplia estación. Ese es el lugar para la pintura de hoy… Del mismo modo que sus padres descubrieron la poesía de los bosques y ríos, hoy en día nuestros artistas han de encontrar la poesía de las estaciones» (Émile Zola).

Émile Zola, el gran escritor francés amigo de los impresionistas, estaba entusiasmado con los siete motivos de estaciones que Monet mostró en la tercera exposición de los impresionistas en 1877. De las 250 obras que se presentaron allí, se vendieron muy pocas.

La estación y el ferrocarril se convirtieron, en esos decenios, en el símbolo de la movilidad y de la velocidad, en sinónimo de la Modernidad en general. Édouard Manet, Gustave Caillebotte y muchos otros artistas se dedicaron a tratar ese motivo. En aproximadamente dos meses, Monet pintó 12 vistas de la Estación de Saint-Lazare y del Puente de Europa, en sus inmediaciones. Vivía, con su familia, en la Rue Moncey, muy cerca del puente y de la estación. El anhelado reconocimiento artístico se hacía esperar y Monet se veía acosado por dificultades económicas. Su amigo Renoir escribió sobre esa época: «Monet estaba por encima de las vicisitudes de la vida. Se vistió con sus mejores galas, puso en orden los puños de la camisa y, con un movimiento desenfadado del bastón con el puño de oro, entregó su tarjeta de visita al director de la línea de ferrocarril Oeste, en la Estación de Saint-Lazare. El ordenanza se quedó petrificado y le hizo entrar inmediatamente. El personaje le rogó que tomara asiento; se presentó entonces con toda sencillez: "Soy el pintor Claude Monet"».

Monet se interesaba sobre todo por los efectos de la luz creados por el vapor y el humo. Por eso hizo que las locomotoras se dirigieran de aquí para allá en la estación y por debajo del Puente de Europa. De ese modo produjo su propia imagen poética de la Modernidad. Poco le importó que se tratara de un cuadro preparado. Los cuadros de estación de Monet no eran ni impresiones espontáneas, auténticas, ni pintura realmente al aire libre. Sus obras son el resultado de ver y configurar con precisión, en ningún caso tan «casuales» como parecen.

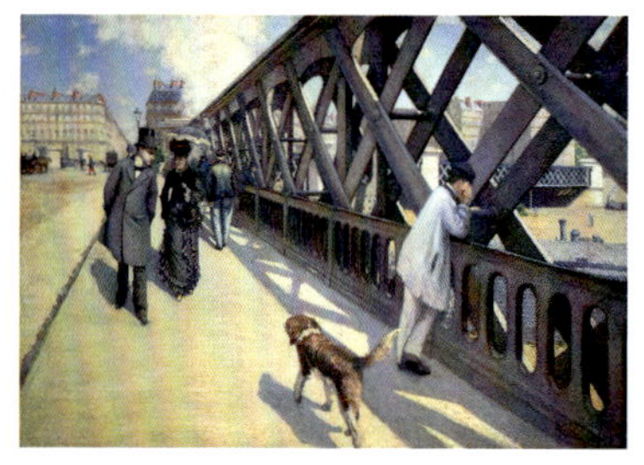

Gustave Caillebotte
El Puente de Europa, 1876
Óleo sobre lienzo, 125 x 180 cm
Ginebra, Musée du Petit Palais

Se han conservado numerosos dibujos preparatorios de los cuadros de la Estación de Saint-Lazare y del Puente de Europa; indican el modo reflexivo y en absoluto espontáneo en que pintó sus obras. El cuadro de Monet *El Puente de Europa, Estación Saint-Lazare* revela la tensión entre la forma geométrica rígida del puente de hierro y piedra y del humo y el vapor, en movimiento, que se disuelven en el cielo nebuloso. La locomotora que penetra en la pintura promueve un movimiento dirigido de izquierda a derecha, cruzando así la diagonal formada por el puente y el posterior cañón de la calle. Por otra parte, el área de paso se ve realzada por los dos pilares del puente. El arte de la composición de Monet es especialmente evidente aquí.

El Puente de Europa, Estación Saint-Lazare, 1877
Óleo sobre lienzo, 64 x 81 cm
París, Musée Marmottan Monet

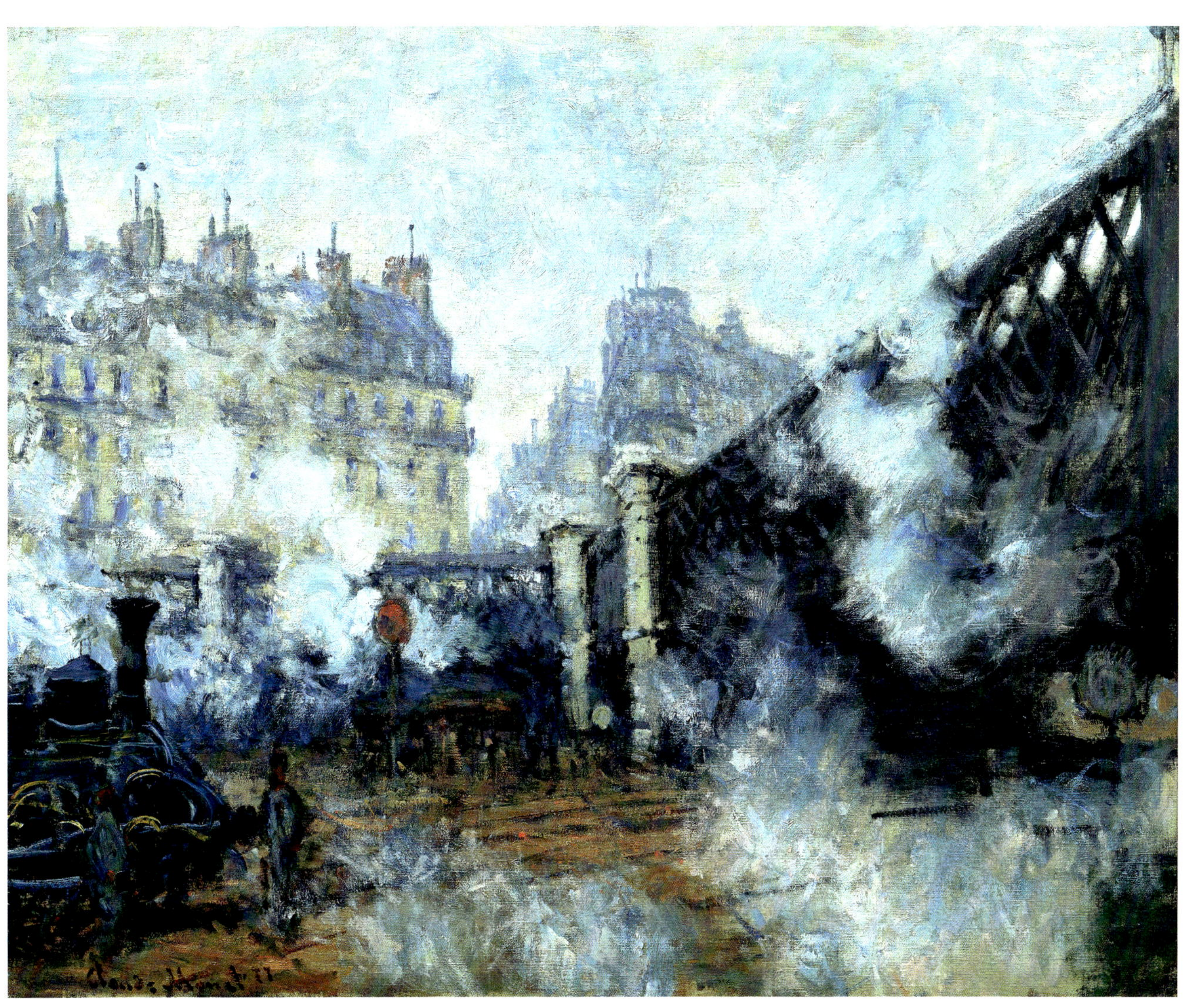

Claude Monet
El jardín de Monet en Vétheuil, 1880

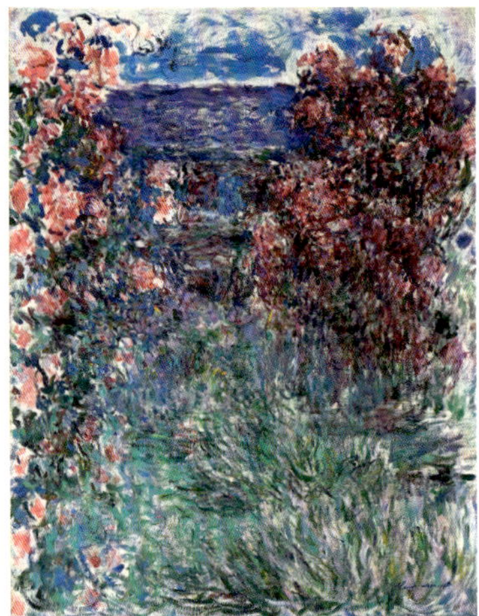

La casa entre las rosas, 1925
Óleo sobre lienzo, 92,3 x 73,3 cm
Madrid, Museo Thyssen-Bornemisza,
colección Carmen Thyssen-Bornemisza

Claude Monet cambió frecuentemente de lugar de residencia a lo largo de su vida. Solo donde se quedó un cierto tiempo y vivía en una casa, también había un jardín: en Argenteuil, en Vétheuil y más tarde en Giverny. El famoso jardín de Monet en Giverny suele hacer olvidar que no fue allí donde comenzó a dedicarse a los jardines y a las flores. Ya a mediados de la década de 1860, cuando Monet pintó sus primeras naturalezas muertas con flores, escribió a su amigo Bazille: «Ahora hay muchas flores bellas… Pinte también usted algunas, creo que es una cosa extraordinaria».

Tales «cosas extraordinarias» se podían vender bien entonces, un aspecto importante si se tiene en cuenta la crónica falta de dinero de Monet. El marchante Durand-Ruel encargó a Monet, entre 1882 y 1885, 36 naturalezas muertas, también para decorar su propia casa. Desde el otoño de 1878 la familia Monet vivía en Vétheuil, un pequeño pueblo al oeste de París. El ambiente marcadamente rural ofrecía un contraste bienvenido a las prisas de la gran ciudad. Monet hablaba con entusiasmo del «cautivador entorno, que describió en *Ciruelos en flor en Vétheuil* y *Campo de amapolas cerca de Vétheuil* (1879, Zurich, Stiftung Sammlung E. G. Bührle). Sobre todo su *Campo de trigo* del año 1881 (Cleveland Museum of Art) muestra los intensos colores de la amplia llanura del Sena en pleno verano. El segundo hijo de Monet, el más joven, tenía medio año cuando enfermó la esposa del artista, Camille, que murió un año más tarde, en septiembre de 1879. Alice Hoschedé, la exmujer del empresario textil y coleccionista de arte Ernest Hoschedé, amigo de Monet, se trasladó a la casa de Monet para cuidar a Camille. Ella, que llevó a la casa seis hijos de su primer matrimonio, se convertiría en la segunda mujer de Monet. En una ocasión, un periodista preguntó a Monet por su estudio de Vétheuil; Monet contestó: «¡Mi estudio! Pero si nunca tuve ninguno; tampoco entiendo cómo alguien puede encerrarse en una habitación … quizá para dibujar, pero no para pintar».

Con todo, Monet no solo se guiaba por el ideal impresionista del *plein air*, sino que también se retiraba a su estudio a trabajar. Pero en Vétheuil, debido al gran número de personas que vivían en la casa, su habitación de trabajo se limitaba a una pequeña estancia en el ático. El terreno con jardín estaba situado directamente al lado del Sena y se inclinaba hacia el río. Una escalera llevaba desde la casa a un prado con frutales, a orillas del río. El Sena estaba sucio porque en Asnières se vertían las aguas residuales de la gran ciudad de París; pero también era rico en sustancias nutritivas, lo que facilitaba la existencia de una exuberante vegetación.

Monet eligió, en cuatro cuadros, la perspectiva desde el césped de abajo, con la escalera como eje central. La vista con los inmensos girasoles en flor y los gladiolos rojos en maceteros azules y blancos le permitía introducir en su composición un movimiento de ascensión. La mirada del observador sube automáticamente por la escalera y continúa con la ayuda de la chimenea, que asciende al cielo en la misma línea y no termina hasta inmediatamente debajo del margen del cuadro. Justo en esta línea se encuentra, al pie de la escalera, el habitante más joven de la casa, Jean-Pierre Hoschedé, que entonces contaba 4 años de edad. También en el caso de este cuadro puede decirse lo que constató Émile Zola: «En los campos, Claude Monet prefiere un parque inglés a un trozo de bosque. Le gusta descubrir en todos lados las huellas del hombre… Como auténtico parisino, prefiere París al campo; no puede pintar ningún paisaje sin introducir en él hombres y mujeres elegantemente vestidos».

El jardín de Monet en Vétheuil, 1880
Óleo sobre lienzo, 150 x 120 cm
Washington, D.C., National Gallery of Art

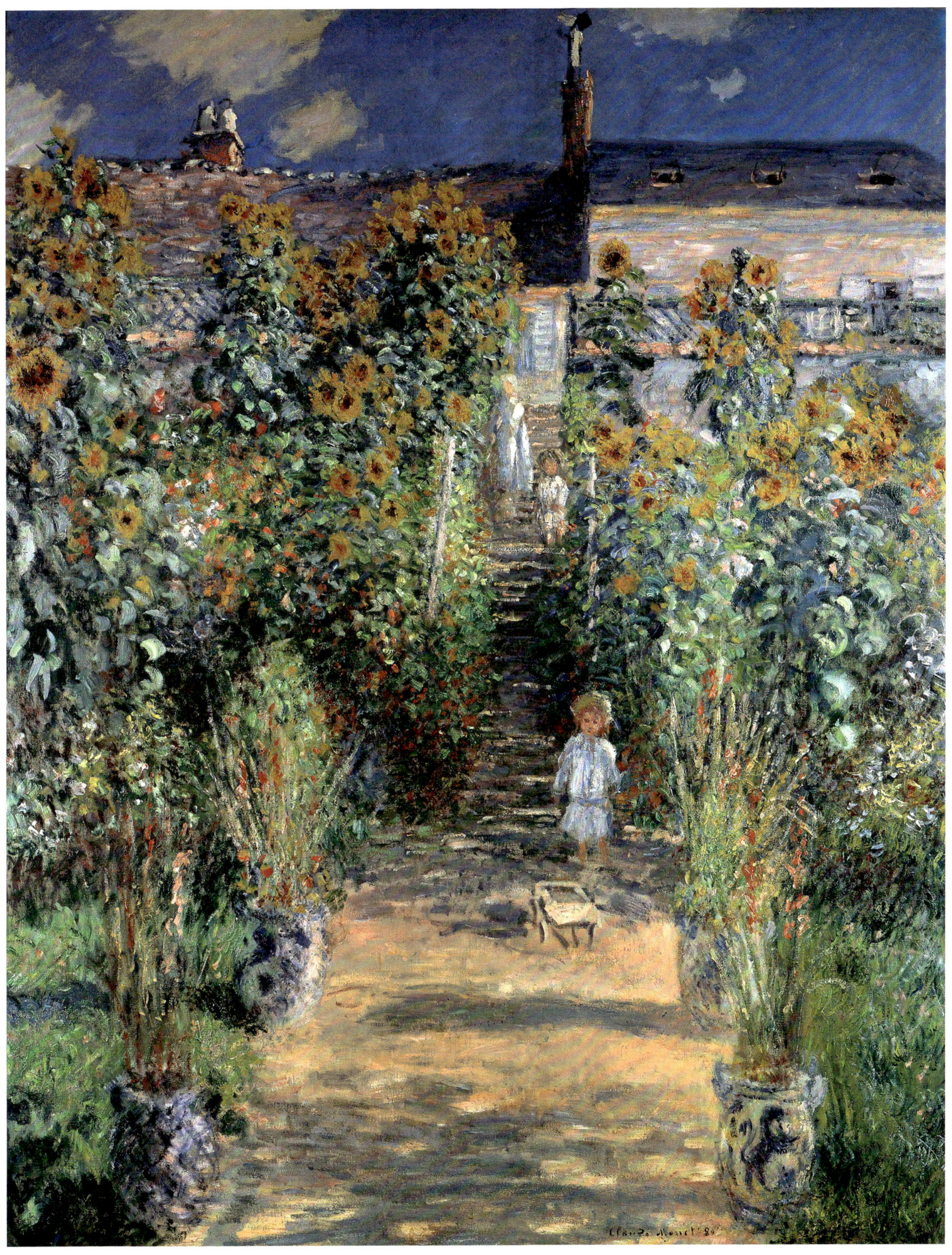

Berthe Morisot
Psiqué (El espejo de vestir), 1876

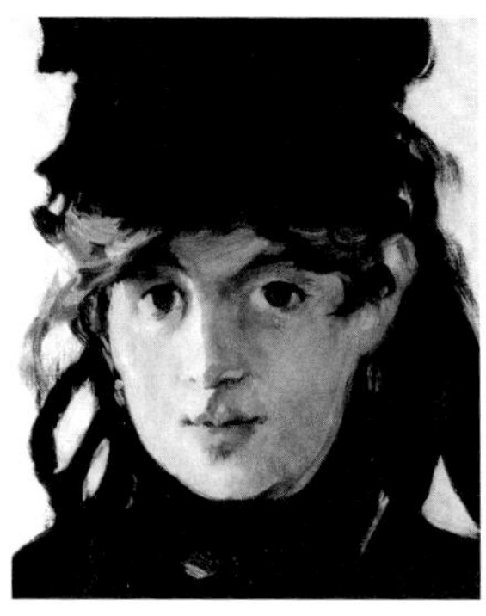

n. 1841 en Bourges
f. 1895 en París

Édouard Manet
Berthe Morisot con ramillete violeta, 1872
Óleo sobre lienzo, 55,5 x 40,5 cm
París, Musée d'Orsay

«En el amor hay sentimiento y pasión; solo conozco el sentimiento por mí misma, la pasión, a través de otros. Escucho voces conocidas que dicen: sentimiento = amor al intelecto; puedo responderles: pasión = amor al cuerpo».
— BERTHE MORISOT

De los ocho cuadros que Berthe Morisot pintó en 1876, cuatro muestran a una mujer ocupándose del aseo; pero solo uno de ellos lleva un título: *Psiqué,* que va más allá de un mero título objetivo.

Los lienzos *Psiqué* y *Joven empolvándose* (1877, París, Musée d'Orsay) los presentó Berthe Morisot en la exposición de los impresionistas de 1877. Renoir y Caillebotte expresaron, en dicha ocasión, su profundo respeto por la artista cuando escribieron: «Nos sentimos felices al saber que, como es usual, usted desea participar». *Joven empolvándose* lo compró el coleccionista y mecenas Ernest Hoschedé, que lo subastó más tarde con su colección de impresionistas. Mary Cassatt aprovechó la ocasión para comprar el cuadro, que probablemente le gustaba especialmente por la cercanía a los motivos de su propia obra.

La *Psiqué* de Morisot presenta a una joven que se contempla en un gran espejo. Como este, al parecer, se encuentra en una pared entre dos ventanas, la escena está plenamente iluminada, llena de luz. La joven aparece ensimismada en su visión. Con las manos en la espalda, está abriendo el corsé, mientras que una manga le cae ya por el hombro. La pincelada es muy suelta; las formas de las manchas y trazos aluden al dibujo de un tapiz; poco nítido es también el sofá situado delante de la ventana del fondo y del espejo. El alto marco, que sobresale del cuadro, ofrece un «cuadro dentro del cuadro», que recuerda las representaciones de bailarinas de Degas.

Con el título de *Psiqué* Morisot remite a la historia clásica de Amor y Psiqué, cuyos episodios se reprodujeron a lo largo de siglos. La extensa recepción siempre vio un sentido profundo bajo la superficie de la leyenda clásica. En el siglo XIX, Psiqué —cuyo símbolo era una mariposa— estaba considerada sobre todo como representación del alma inmortal. Esta, que como una mariposa sufre transformaciones, se representaba frecuentemente como una mujer joven con alas de mariposa. En este cuadro de Morisot puede verse una alusión a ello en la postura de los brazos. Sin embargo, la *Psiqué* de Morisot no aparece como una figura clásica; antes bien, la protagonista es una contemporánea que observa su figura en el espejo. Y de Amor, su amante en la leyenda de la Antigüedad, no hay huella alguna.

En cualquier caso, la imagen del alma —cuyo destino está estrechamente unido a los placeres y los sufrimientos del amor— se correspondía exactamente con el estado de ánimo de Berthe Morisot en esta época. En 1874 se había casado con Eugène Manet, el hermano más joven del pintor Édouard Manet, con lo que había empezado una nueva etapa de su vida. Sus intentos de conciliar el matrimonio, y más tarde la maternidad, con su profesión se toparon con dificultades. En 1890 escribía en su diario: «La verdad es que nuestro valor radica en el sentimiento, en la intuición, en nuestra mirada, que es más sutil que la de los hombres. Podemos lograr algo, presuponiendo que no lo echemos todo a perder por la afectación, la pedantería y el sentimentalismo … Ahora, quiero seguir mi deber [frente a mi obra] hasta mi muerte; y me gustaría que los demás no me lo pusieran demasiado difícil».

Psiqué (El espejo de vestir), 1876
Óleo sobre lienzo, 65 x 54 cm
Madrid, Museo Thyssen-Bornemisza

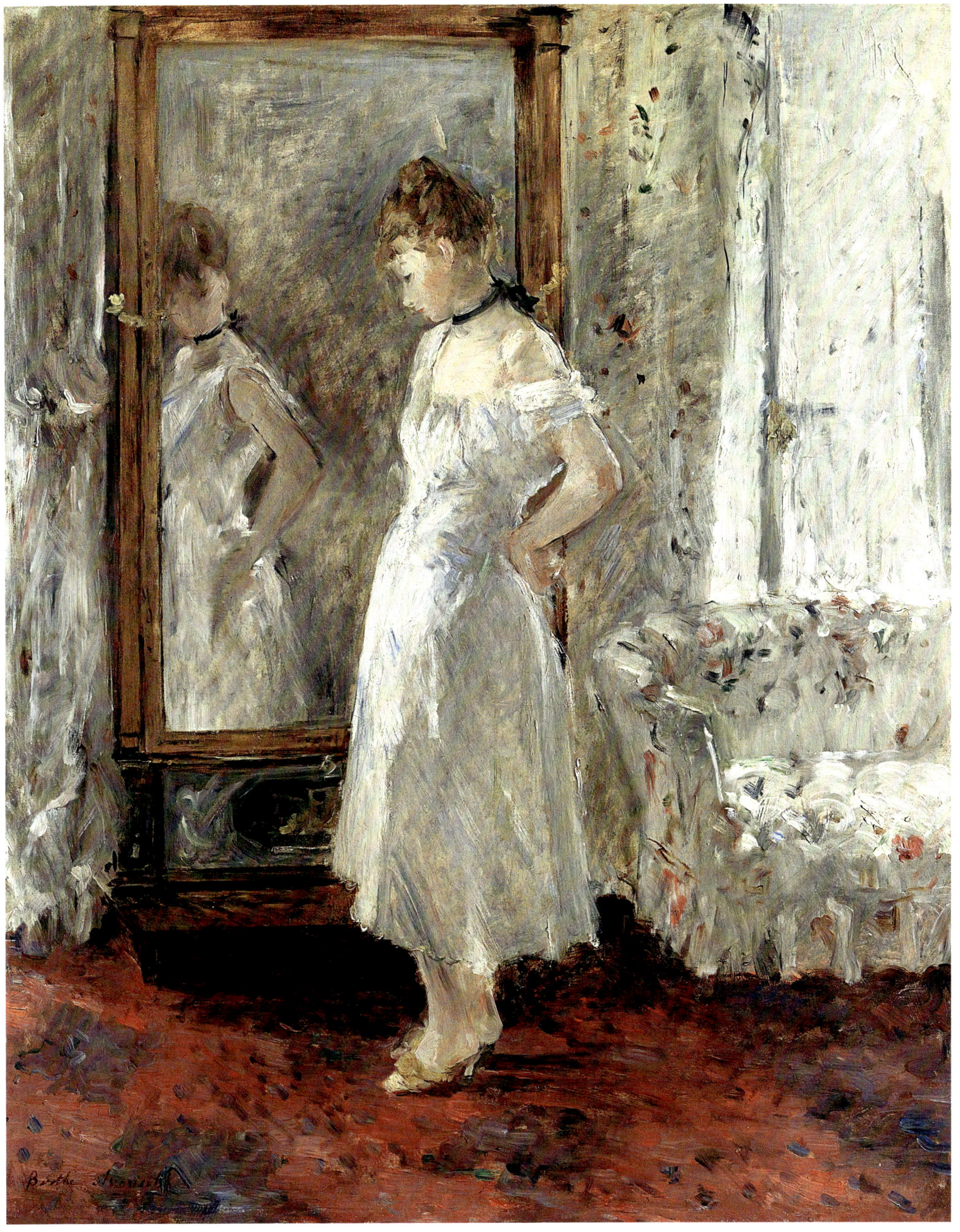

Giuseppe de Nittis

Flirteo, 1874

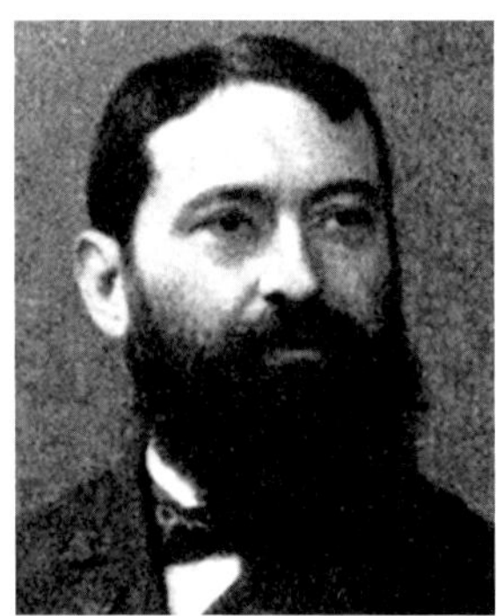

n. 1846 en Barletta
f. 1884 en St.-Germain-en-Laye

Giuseppe de Nittis llegó a París, procedente del sur de Italia, en 1867, convirtiéndose muy pronto pronto en una conocida personalidad del mundo artístico parisino. Consiguió interesar a dos marchantes parisinos reconocidos. Reitlinger fue el primero en contratarlo; De Nittis se tuvo que someter a los deseos del marchante, por lo que comenzó con cuadros de época, que en aquel entonces estaban muy «en boga». En 1871 De Nittis se pasó a Goupil.

A partir de entonces, De Nittis se dedicó al paisaje y pasó varias semanas con su amigo Gustave Caillebotte en el sur de Italia. Ya entonces desarrolló una concepción extraordinariamente espacial en su composición; las enérgicas líneas creadoras de espacio impresionaron a otros artistas, por ejemplo, a Caillebotte en su cuadro *El Puente de Europa* (il. pág. 56). También a Van Gogh le pareció tan notable el tratamiento del espacio que, en 1875, hizo un dibujo del cuadro del Puente de Westminster en Londres realizado por De Nittis.

De Nittis participó en tan solo una ocasión, en 1874, en una exposición de los impresionistas, con cinco obras. Renoir, que no estaba de acuerdo con la aportación de De Nittis, porque le consideraba demasiado conservador y a su arte puramente comercial, colocó las obras del italiano en un lugar muy desfavorable. Cuando este, en 1878, recibió la orden de la Legión de Honor por sus méritos por el arte, sufrió una acerba crítica por parte de su amigo Degas, que le tachó de «burgués».

«Para mí, la ciudad de París nevada es como una visión de Japón, una imaginación de aquella dolce vita del soñador a quien le es suficiente una sucesión de cosas blancas, una cascada de nieve, un mar de flores. Esa es la vida para la cual he nacido: pintar, admirar, soñar».
— GIUSEPPE DE NITTIS

Flirteo es uno de los muchos cuadros de De Nittis que tiene como tema el público parisino en las carreras de caballos. A diferencia de Degas, a quien le interesaban más los movimientos de los caballos y los gestos de los jockeys, De Nittis se centraba en los espectadores.

Así sucede también en *Flirteo,* que describe anecdóticamente lo que sucede al margen del acontecimiento deportivo. Una joven pareja se ha quedado sentada en el primer plano, mientras que el resto del público ha abandonado los asientos que se hallan en la sombra. El escenario está inmerso en el ambiente festivo de unas carreras de caballos de domingo; pero, por otro lado, las dos personas están tan aisladas del resto de los visitantes que la narración puede centrarse en ellos. El grueso tronco de árbol, en el lado izquierdo del cuadro, marca el primer plano, que se encuentra en la sombra que proyectan las copas de los árboles. El fondo, soleado, está limitado por una serie de estacas. La perspectiva espacial se desarrolla a lo largo de una enérgica diagonal desde el lado anterior izquierdo al posterior derecho, y se corresponde también con el de la pareja, en dirección a las dos mujeres que pasean en el extremo derecho del cuadro.

Como resulta típico, De Nittis no proporcionó una reproducción fotográficamente exacta, sino que subrayó el carácter poético de la escena; trabajaba para conseguir un equilibrio entre autenticidad y poesía, que también se denominó «realismo poético».

Flirteo, 1874
Óleo sobre lienzo, 33 x 43 cm
Colección particular

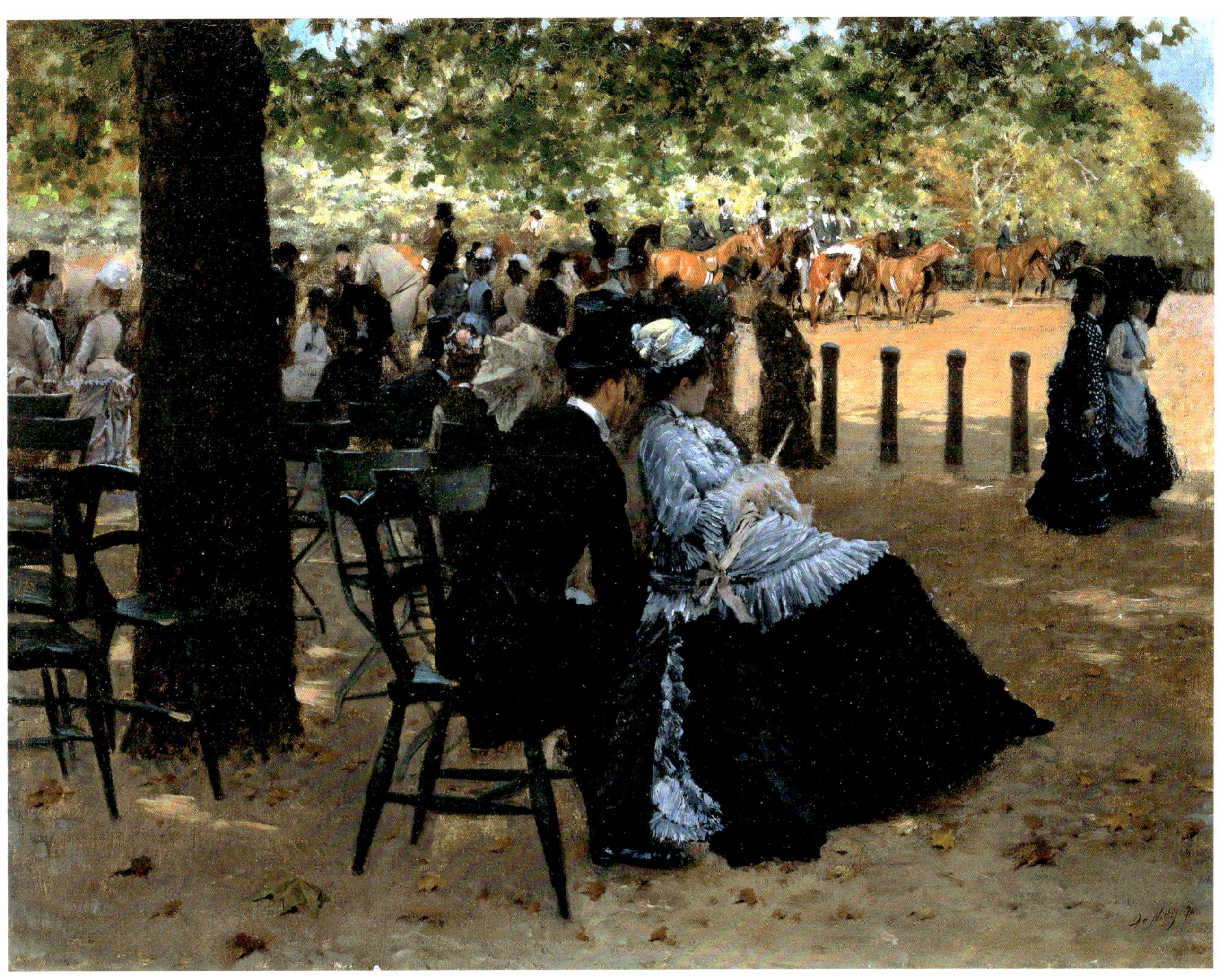

Camille Pissarro
La escarcha, 1873

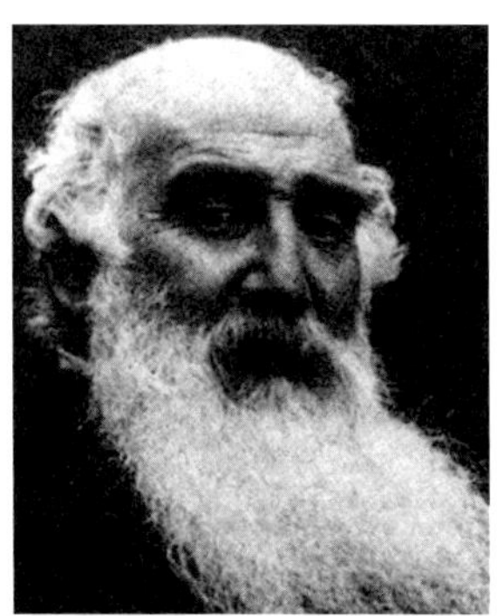

n. 1830 en Charlotte-Amalie
f. 1903 en París

Camille Pissarro se trasladó en 1866, con su familia, a un lugar cercano a Pontoise. A unos 30 kilómetros al oeste de París, a orillas del Oise, encontró escenas rurales y motivos frescos, como la *Ladera del Hermitage, Pontoise* (il. pág. 10). Pissarro y sus amigos pintaron numerosos paisajes en esta región. En esa época, Pissarro trabajó sobre todo mucho con Cézanne. En octubre de 1873, la familia Pissarro se había trasladado a Pontoise, a la Rue de l'Hermitage. Pissarro se familiarizó con los alrededores, con toda una serie de obras como *La escarcha,* que se presentó en la primera exposición de los impresionistas de 1874, encarnizadamente atacada por los críticos de arte. Pissarro reaccionó de la siguiente manera: «La crítica nos ha hecho añicos y nos echa en cara que no queremos aprender. Me vuelvo a mi trabajo; es mejor que leer cosas de las que no se aprende nada».

Pissarro consideraba su trabajo artístico como un proceso de aprendizaje. Sus preferencias se centraban en los caminos que se estrechan a lo largo del paisaje. Sus obras no son narrativas; no reproducen ningún argumento, sino un estado. Las vistas no son de ningún modo espectaculares, como si el motivo hubiera aparecido casualmente. *La escarcha* muestra un amplio camino inclinado, bordeado de campos a ambos lados. Un agricultor, con leña sobre las espaldas y un palo en la mano, sube por el camino. Pissarro quizá se orientara por las representaciones de personas recogiendo leña de Millet.

Pissarro colocó la línea del horizonte muy alta, por lo que la colina parece relativamente escarpada. Los árboles, solitarios y desnudos, los almiares en el horizonte y el camino que desaparece crean un paisaje accidentado y solitario. Pissarro se dedicó una y otra vez a esos motivos, también en su obra gráfica *Lluvia.* Lo que hace interesantes *La escarcha* y *Lluvia* son las diferentes líneas y diagonales que determinan la estructura del cuadro. En *La escarcha* destaca el camino que se dirige a la profundidad del cuadro y por el que cruzan sombras largas y oscuras. Las líneas de las sombras cruzan todo el paisaje; con los surcos, forman en el lado anterior derecho una forma reticular. *La escarcha* se caracteriza por los experimentos geométricos que Pissarro integró en sus obras en esta época.

El experto en arte Théodore Duret escribió a Pissarro: «Tiene un profundo sentimiento por la naturaleza y una vigorosa pincelada, de modo que un cuadro suyo es algo absolutamente definitivo… Siga su camino, el de la naturaleza rural. Irá por un camino nuevo, tan amplio y alto como ningún otro maestro». Y Pissarro respondió: «… Quiero que sepa que llevo mucho tiempo reflexionando sobre lo que me dice. Lo que me ha impedido durante tanto tiempo dedicarme a reproducir directamente la naturaleza es sencillamente la posibilidad de disponer de modelos, no solo para pintar el cuadro, sino también para estudiar seriamente el objeto. Por lo que se refiere a lo demás, no vacilaré en intentarlo; será muy difícil porque —como debería saber— esos cuadros no siempre se pueden hacer directamente en la naturaleza, sino después».

La escarcha, 1873
Óleo sobre lienzo, 65 x 93 cm
París, Musée d'Orsay

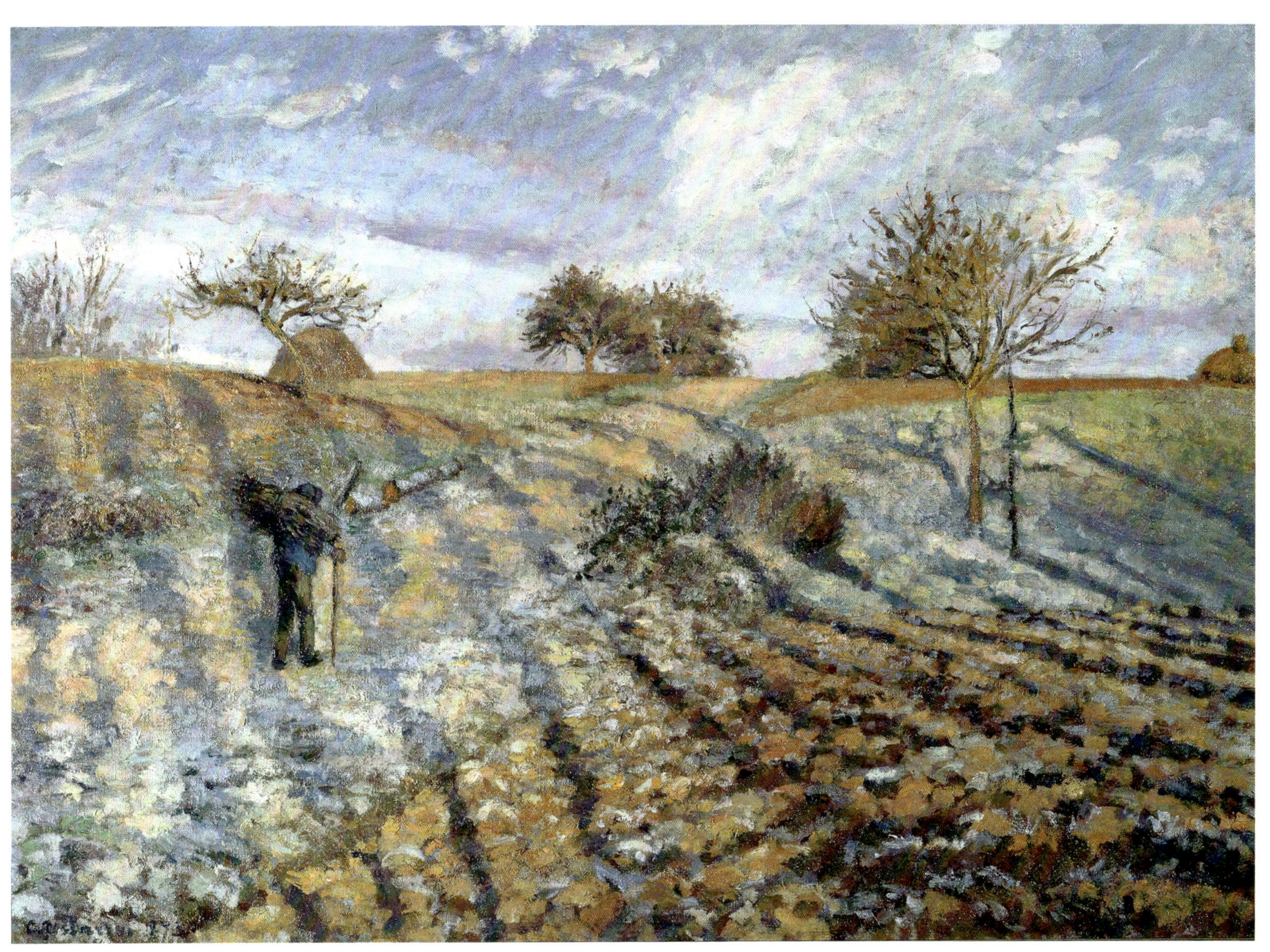

Camille Pissarro
La carnicera, 1883

«Se me había olvidado decirte que encontré un cuarto en el Grand Hôtel du Louvre con una magnífica vista a la Avenue de l'Opéra y la esquina de la Place du Palais-Royal. La vista es un hermoso motivo, tal vez no demasiado estético, pero me alegra poder pintar estas calles de París. La gente las considera horribles, pero son tan plateadas, vivas y brillantes».
— CAMILLE PISSARRO

Camille Pissarro pintó desde 1881 escenas de mercado como la de *La carnicera. La carnicera* está acompañada por *Mercado de patatas en Pontoise* de 1882, por *Mercado de aves en Gisors* de 1889 o *Mercado de cereales en Pontoise* de 1893. Todos ellos presentan una multitud de personas que actúan, charlan, gesticulan, prueban, compran y venden. En julio de 1883, Pissarro decía sobre su trabajo: «En esta temporada he trabajado poco fuera; el tiempo era malo y me persigue la idea de pintar figuras determinadas, por cuya concepción estoy luchando. Hago una especie de pequeños bocetos; una vez que he pensado bien la cosa, me pongo a trabajar. Nini [la sobrina de Pissarro] me sirvió de modelo para la muchacha carnicera expuesta al viento en la Place du Grand Martroy, de la que espero que tenga una cierta jugosidad. La dificultad radica en el fondo. Veremos».

Por tanto, la composición estaba muy pensada; Pissarro se encuentra dispuesto, de modo humorístico, a expresar puntos en común entre la mercancía y la vendedora: tanto la persona como los jamones debían tener una «cierta jugosidad». En cualquier caso, la equiparación cromática en tonos blancos y rojos se ha conseguido, también en la ropa de la vendedora. Con las prisas en las escenas de mercado, Pissarro volvió sobre un tema que ya le había ocupado a comienzos de su carrera.

Camille Pissarro procedía de la isla de St. Thomas, perteneciente entonces a las Antillas danesas y hoy a las Islas Vírgenes. La familia judía Pissarro se había trasladado desde el sur de Francia a la capital de las Antillas y participaba en el animado tráfico comercial entre Europa, América del Sur y Estados Unidos. Camille trabajó durante algunos años en el comercio de su padre, por lo que conocía el comercio por experiencia propia. Desde su juventud, dibujaba mucho; sus primeros motivos fueron los animados mercados y las vendedoras que elogiaban sus mercancías.

Sus orígenes, su procedencia de una familia judía y las experiencias de su juventud hicieron que Pissarro viviera en oposición al espíritu de los tiempos y que no se sometiera a las convenciones sociales y artísticas. Su capacidad de oponer resistencia a la presión social y de organizar a un grupo de artistas para hacer exposiciones conjuntas le convirtieron en el núcleo del movimiento impresionista. Su biografía contribuía también a su postura política: Pissarro era «anarquista en cuerpo y alma». Sus representaciones de la vida campesina no tienen, pues, nada que ver con ideales socialistas. Pissarro no fue un precursor del «realismo socialista». Quizá solo fuera consecuente que en la década de 1880, cuando el movimiento impresionista entró en crisis, volviera a los motivos de su juventud y, de ese modo, a las fuentes de su fuerza. Las ideas artísticas reinantes en el círculo de amigos de los impresionistas eran cada vez más difíciles de conciliar entre sí; en 1886 se terminaron las exposiciones conjuntas. Lo que Pissarro escribió al respecto se puede considerar como un lema de su vida: «… Por lo que a mí se refiere, me aferro a mi deseo de seguir libremente mi camino».

La carnicera, 1883
Óleo sobre lienzo, 65,1 x 54,3 cm
Londres, The National Gallery, cedido en préstamo por la Tate

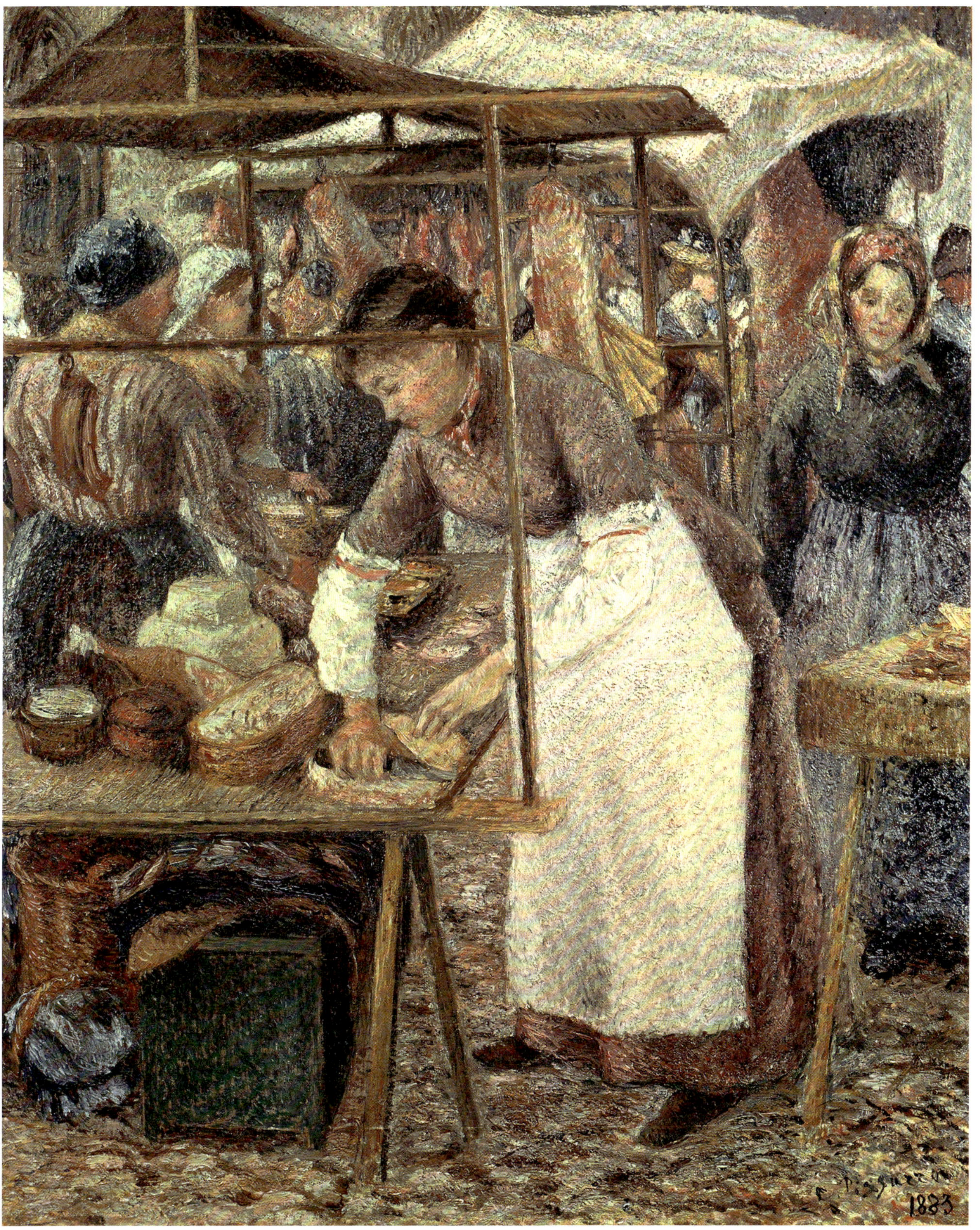
C. Pissarro
1883

Pierre-Auguste Renoir
Lise con sombrilla, 1867

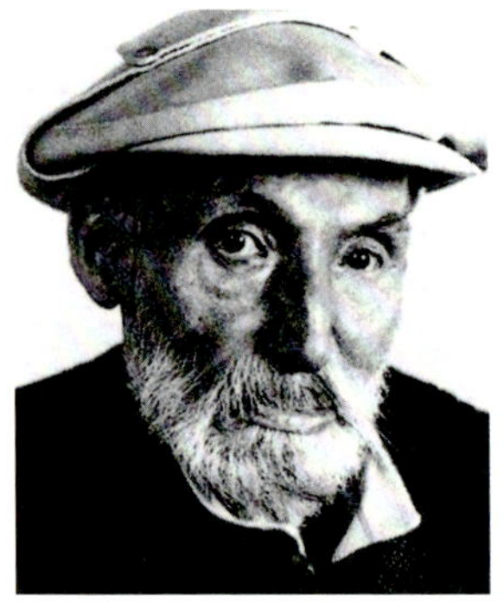

n. 1841 en Limoges
f. 1919 en Cagnes

Ya desde los comienzos de su carrera artística, Pierre-Auguste Renoir —más que Pissarro, Sisley o Monet— fue un pintor más de figuras que de paisajes. También en el óleo *Lise con sombrilla* el centro de atención lo ocupa una persona.

En la década de 1870, del contemporáneo arte moderno se exigía lo siguiente: «Despidámonos del cuerpo humano estilizado, que se trata como si fuera un jarrón. Lo que precisamos es el hombre característico y moderno, con su pipa, en su entorno social, en su casa o en la calle» (Edmond Duranty).

Tales frases se correspondían con las ideas de Renoir y de Frédéric Bazille. Al principio, Renoir había buscado sus motivos en las deidades clásicas, como en *Diana* (1867, Washington, National Gallery of Art); pero a finales de los años sesenta del siglo XIX volvió su atención cada vez más a temas extraídos de la vida contemporánea. Intentaba plasmar el efecto de la luz y de las sombras sobre los colores, especialmente el negro y el blanco. Probablemente desempeñara en ese asunto un importante papel su interés por el arte de siglos pasados.

Los impresionistas no fueron los primeros artistas en ocuparse de tales cuestiones. Leonardo da Vinci, el gran representante del Renacimiento italiano, escribió: «Si ves a una mujer vestida de blanco en un espacio abierto, en su lado del sol el color será tan claro que verlo te resultará casi tan molesto como mirar al mismo sol. Y el lado de la mujer visto desde el aire, que brilla por los rayos del sol que en él inciden y se entretejen, se inclinará al azul, porque el aire en sí es azul y el lado se ve desde ese aire. Si en la superficie cercana hay hierba y la mujer se encuentra entre ese prado bañado por el sol y el sol mismo, verás cómo las fallas que pueden verse del prado cambiarán de color al incidir los rayos reflejados en el color del prado».

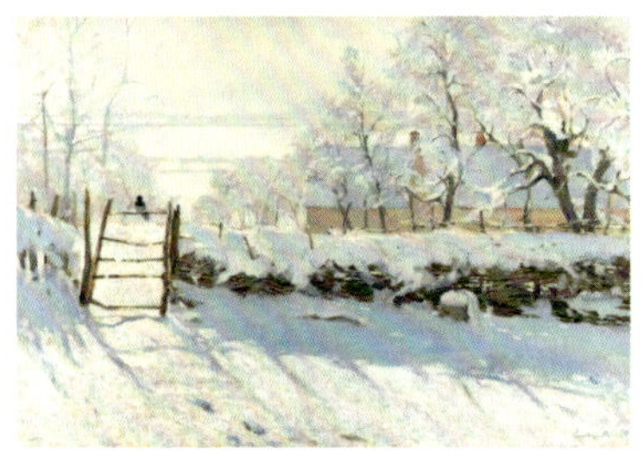

Claude Monet
La urraca, 1869
Óleo sobre lienzo, 89 x 130 cm
París, Musée d'Orsay

Parece como si Leonardo da Vinci estuviera describiendo un cuadro impresionista, por ejemplo *Lise con sombrilla.* El vestido blanco de Lise brilla al sol de un modo casi desagradable. En la sombra, Renoir incluyó tonos azules. Es el mismo método que empleó Monet en su cuadro de nieve *La urraca* (París, Musée d'Orsay), que terminó tan solo dos años más tarde.

A los dos artistas les importan el efecto de la clara luz del día sobre el blanco y el cambio del blanco en la sombra. Para intensificar aún más la fuerza del blanco, Renoir y Monet emplearon fuertes contrastes de claroscuro. A menudo suele repetirse que los pintores impresionistas no emplearon el negro porque en la naturaleza no hay negro puro; como aquí se ve, no es cierto. Renoir da al vestido de Lise un ancho lazo negro; Monet hace sentarse a un pájaro negro, la urraca, sobre una valla en pleno campo nevado, blanco.

Renoir, para quien el negro era el «rey de los colores», fue sin embargo uno de los pocos impresionistas —además de Berthe Morisot— que utilizó un negro de marfil sin mezclar. Monet y muchos otros artistas mezclaban el pigmento con otros colores, como verde o azul. Así, las locomotoras del cuadro de Monet *El Puente de Europa, Estación Saint-Lazare* (il. pág. 57), aparentemente negras, están pintadas con una mezcla de negro de marfil y azul.

Lise con sombrilla, 1867
Óleo sobre lienzo, 184 x 115,5 cm
Essen, Museum Folkwang

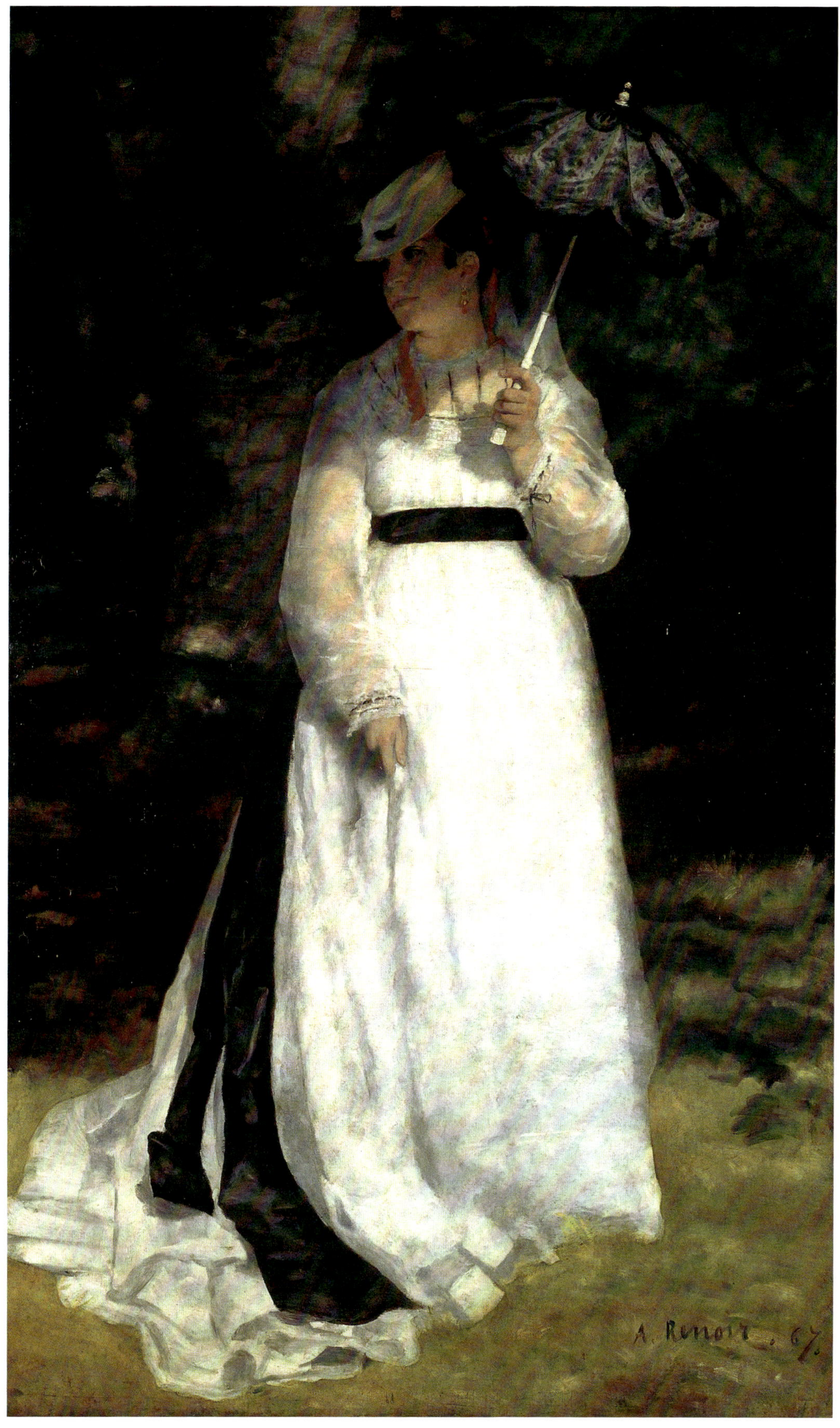
A. Renoir . 67.

Pierre-Auguste Renoir
El Sena en Asnières (La Yola), 1875

«Para mí, un cuadro ha de ser algo encantador, simpático y bello; sí, algo bello. Ya hay suficientes cosas desagradables en este mundo para que nosotros fabriquemos otras más».
— PIERRE-AUGUSTE RENOIR

Renoir hizo en su juventud un aprendizaje como pintor de porcelana, por lo que estaba muy familiarizado con los pinceles blandos y redondos y con los colores transparentes. A continuación pasó a pintar abanicos, en los que copió el célebre cuadro de Antoine Watteau *El embarque a Cítera* de comienzos del siglo XVIII. Más tarde recibió encargos de decoración en cafés de París. «Como motivo, elegí a Venus saliendo de las aguas. Te puedo asegurar que no economicé ni con verde veronés ni con azul cobalto… En París decoré como unos veinte cafés… Aún hoy me gustaría pintar decoraciones como Boucher, trasformar muros enteros en un Olimpo…».

Efectivamente, en los cuadros de Renoir no es posible pasar por alto el carácter decorativo: armonías de domingo, brillantes, llenas de alegría de vivir, un «domingo» sin fin. También en el lienzo *El Sena en Asnières* Renoir parece no haber economizado pintura, si bien su paleta constaba exclusivamente de siete intensos pigmentos: azul cobalto, viridiana (un verde oscuro con gran componente de azul), amarillo cromo, amarillo limón, naranja cromo, bermellón y barniz rojo brillante y transparente. También se emplea gran cantidad de blanco, para las manchas que se extienden por todo el cuadro. En este caso Renoir renunció al negro y a colores terrosos como marrón, siena, ocre, etc.

El Sena en Asnières forma parte de un grupo de motivos relacionados entre sí, a los que Renoir se dedicó, en 1875, en Chatou del Sena. Desde el punto de vista de la composición es muy similar a *El Puente de Argenteuil* de Monet, realizado un año antes. Los dos artistas situaron en el lado derecho un puente sobre el que está pasando un tren, ante el trasfondo de la orilla del río, con una casa. Pero mientras que Monet reprodujo un lugar concreto, a Renoir lo que le importaba era la descripción general de un ambiente de domingo: dos jóvenes y elegantes damas se dejan llevar por una barca sobre el Sena en un claro domingo.

Renoir estructuró el brillante «mosaico» del agua con toda una serie de diferentes técnicas pictóricas: la administración rápida de pintura líquida sobre un fondo aún húmedo alterna con la pintura gruesa, casi seca, sobre un fondo ya seco. En el punto donde la barca corta la superficie del agua aparecen pequeños copos de espuma blanca, compuestos de manchas de pintura gruesa, que se aplican al lienzo de modo distendido. Tales estructuras al parecer casuales demuestran la técnica específica del impresionismo.

El contraste de los colores complementarios que Renoir eligió para *El Sena en Asnières* es lo predominante: la combinación de naranja y azul se desprende de la teoría de Eugène Chevreul de 1839; según esta, esos colores, colocados uno junto al otro, se intensifican recíprocamente. En el círculo cromático de Chevreul, el naranja y el azul se encuentran uno enfrente del otro: esos son los colores que Renoir eligió aquí. Al aprovechar efectos de contraste y emplear exclusivamente colores puros, sin mezcla, consiguió una luz única y luminosa.

El Sena en Asnières (La Yola), 1875
Óleo sobre lienzo, 71 x 92 cm
Londres, The National Gallery

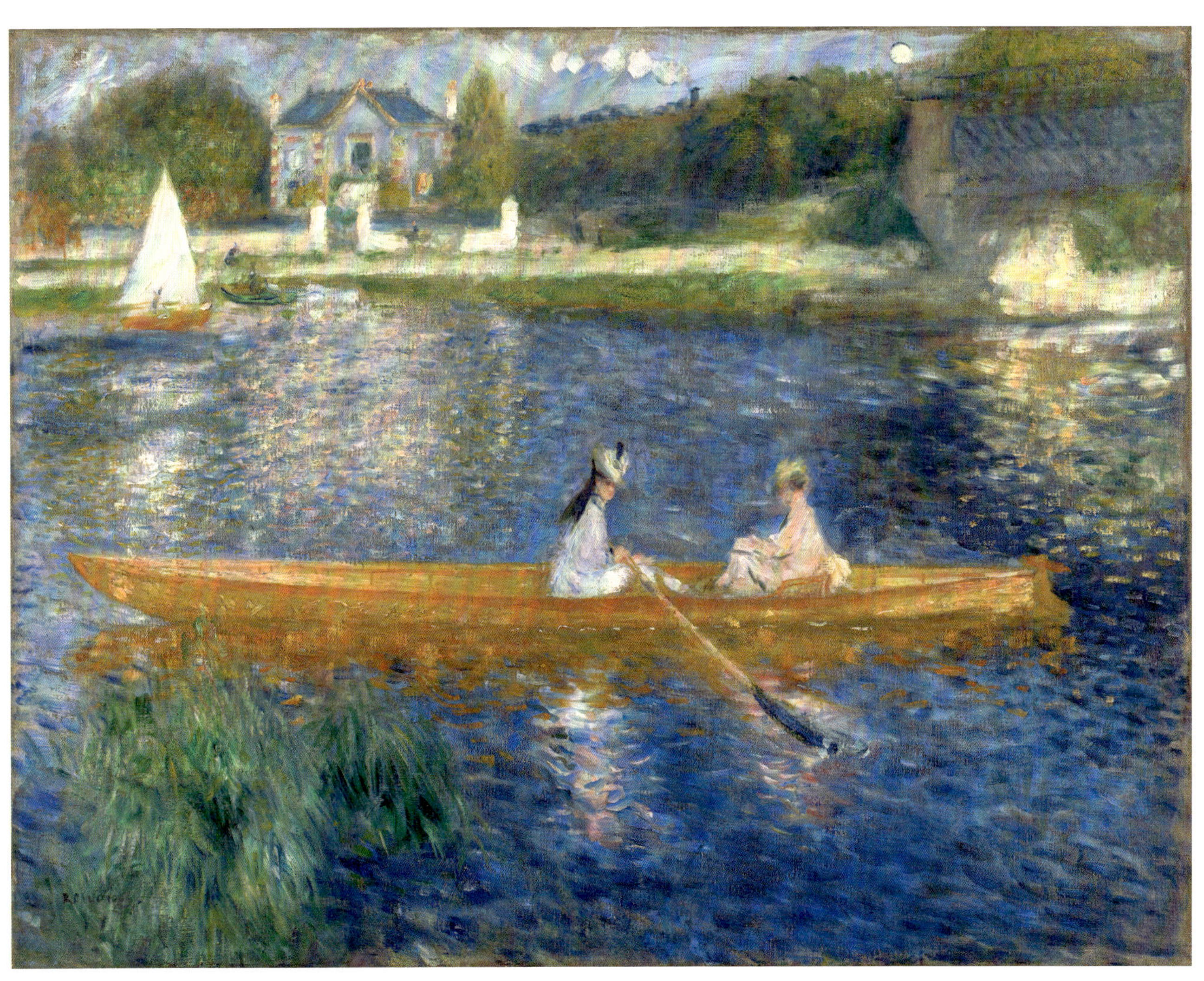

Medardo Rosso

Aetas Aurea (Edad de oro), 1884/85

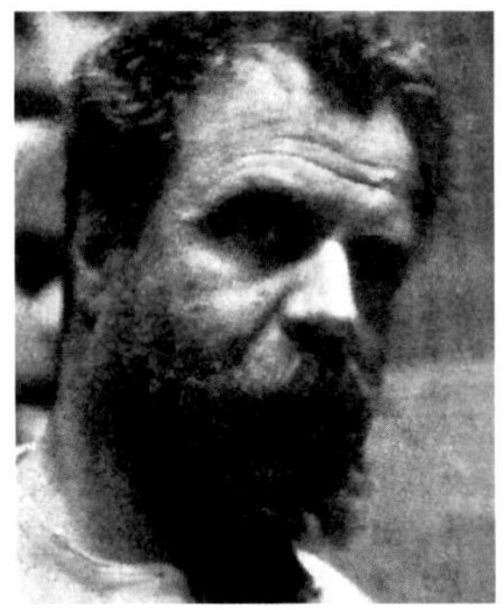

n. 1858 en Turín
f. 1928 en Milán

Entre los escultores de finales del siglo XIX, Medardo Rosso es uno de los más desconocidos, pero también uno de los más interesantes. Su estética se concentraba en la luz y en la desintegración de la materia, a diferencia de las obras escultóricas tradicionales, en las que predominan volumen y pesantez. Es este intento de integrar la luz en la escultura lo que establece su relación con el impresionismo.

Además, las obras de Rosso suelen tener forma de relieve, con una sola vista: únicamente permiten una perspectiva, un momento de ser observadas. Se dice que Degas, al ver la fotografía de *Impressione d'omnibus* de Rosso, creyó estar ante la fotografía de un cuadro y no ante la de una escultura.

La escultura *Impressione d'omnibus,* de la que ya solo existe la fotografía, representaba a tres personas en un banco de autobús. Rosso trabajó de modo similar a Degas en su cuadro *(El ajenjo)* (il. pág. 47), realizado diez años antes que *Aetas Aurea (Edad de oro).* Los dos artistas hicieron que sus modelos posaran de acuerdo con las propias ideas, con lo que reconstruyeron una sección de su entorno diario de la gran ciudad.

Rosso eligió un tratamiento experimental del material. En el siglo XIX, la elaboración de la escultura definitiva de bronce, partiendo del modelo de cera o arcilla, corría tradicionalmente a cargo de artesanos especializados. Por el contrario, Rosso intervenía en todos los procesos de la producción. Lo que hasta entonces solo se había considerado un paso intermedio hacia una escultura de bronce terminada, Rosso lo presentaba como obra de arte concluida. Un proceso similar se llevó a cabo también entre los pintores impresionistas, quienes consideraban como un cuadro lo que el mundo conservador del arte solo tenía por boceto. Con su ilimitado placer por el experimento, Rosso creó en varias ocasiones diferentes versiones de un mismo tema.

La escultura *Aetas Aurea (Edad de oro)* es un buen ejemplo de las particularidades del modo de trabajar de Medardo Rosso y demuestra las posibilidades de la escultura impresionista. Se trata de una obra similar a un relieve con un reverso sin trabajar, realizada en cera sobre yeso. El modelo de cera se convierte en el estado final, por lo que no es solo una mera etapa intermedia hacia la fundición en bronce. La figura fragmentaria con las aristas exteriores al parecer rotas y el reverso vacío resultan elementos típicos de Rosso.

La escultura consta de fragmentos del cuerpo: la cabeza y el brazo de una madre con la cabeza de un niño. A pesar de esta fragmentación, el observador puede reconocer rápidamente que la madre se vuelve para consolar al niño que llora; con la mano acaricia suavemente la carita. De este modo, abraza al niño, mejilla con mejilla. Los límites entre las dos figuras se diluyen en estructuras que se unen.

Aetas Aurea (Edad de oro), 1884/85
Cera sobre yeso, altura 41,9 cm
Fine Arts Museums of San Francisco,
Legion of Honor and de Young Museums

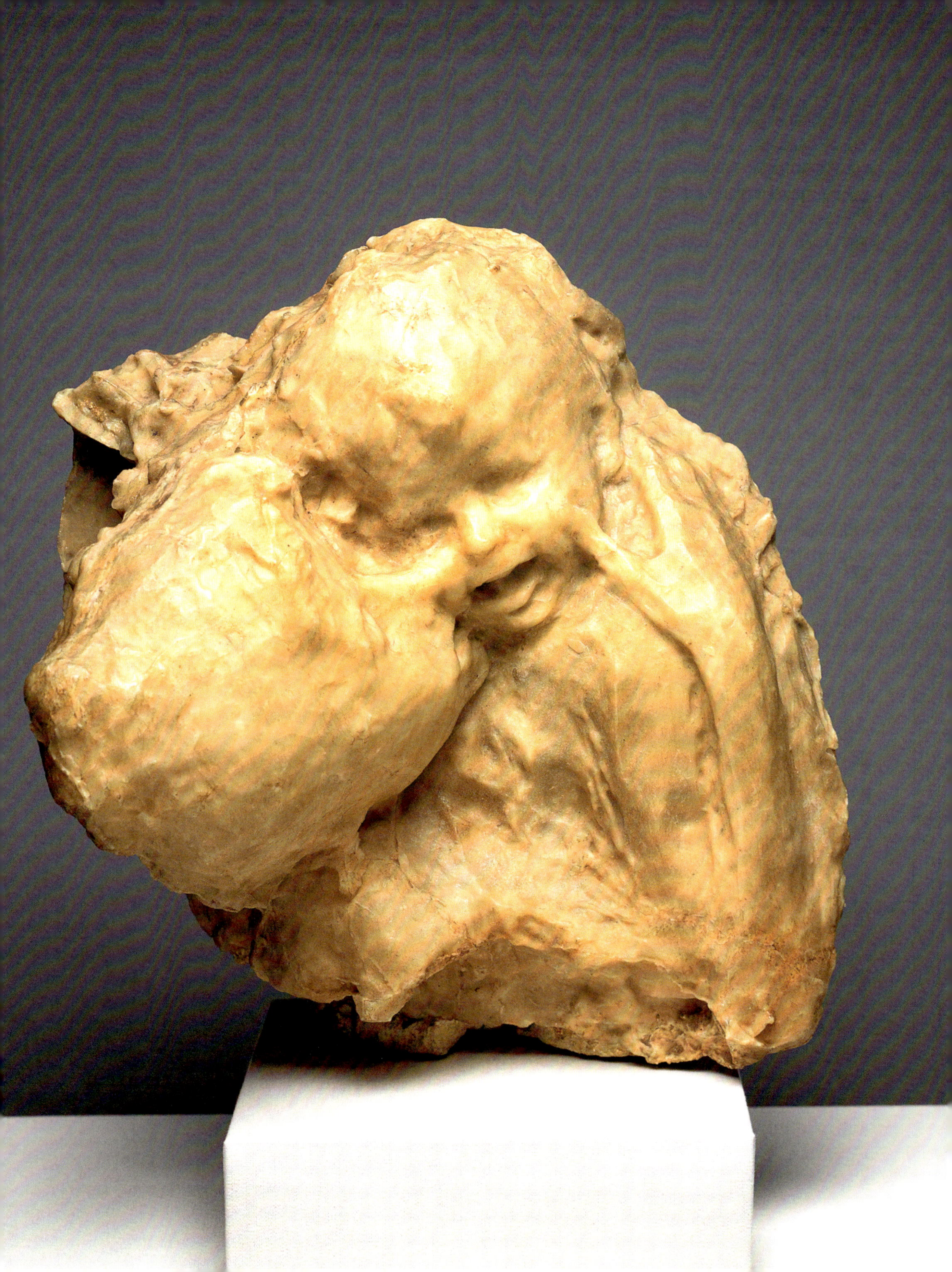

John Singer Sargent
En el Jardín de Luxemburgo, 1879

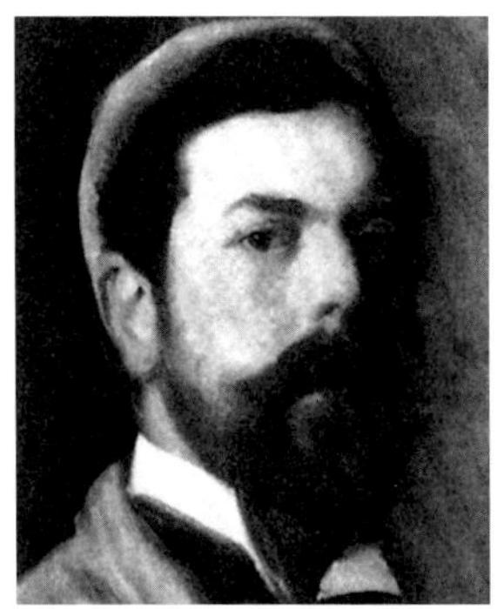

n. 1856 en Florencia
f. 1925 en Londres

«Yo no juzgo. No soy más que un cronista».
— JOHN SINGER SARGENT

Al jardín de Luxemburgo, que se encuentra en el Barrio Latino, acudían muchos artistas que, como Sargent, tenían cerca su estudio. Sargent eligió como motivo central el gran estanque que se encontraba en el centro del parque. A un amigo dedicó una representación como un boceto, en la que puede verse al fondo la cúpula del Panteón. El artista expuso la versión que aquí se reproduce en 1879, en la National Academy of Design de Nueva York.

El parque era la mayor superficie verde dentro de la ciudad, en la orilla izquierda del Sena, por lo que desempeñaba una importante función social. Pasear allí, donde se mezclaban diferentes capas sociales, se correspondía con el sentimiento de la vida en el París de esa época.

Sargent se trasladó a París en 1874 y se matriculó como estudiante de la École des Beaux-Arts. A comienzos de la década de 1880 mantuvo estrechos contactos con los artistas impresionistas, sobre todo con Monet; sin embargo, no expuso con ellos, sino, hasta 1888, en el Salón oficial. También Monet se había dedicado, en 1878, al tema «Parque». Sus dos cuadros de Parc Monceau están dedicados a impresiones similares.

En la obra *En el Jardín de Luxemburgo* el artista dedica particular atención a la luz. Aquí, Sargent soluciona el juego de luz y sombra que tanto ocupaba a los impresionistas con una luz brillante de la luna. Toda la escena parece bañada en un crepúsculo violeta que difumina las diferencias luminosas. Los suaves tonos violeta se mezclan con manchas individuales de color rojo: en el abanico de la mujer, en los arriates y en las luces de la balaustrada. El rojo vivo es especialmente llamativo porque las manchas de color aparecen en muchos casos delante de su complementario, el verde. Posiblemente, Sargent tuvo ante la vista los famosos estudios nocturnos de Johan Barthold Jongkind cuando pintó esta escena crepuscular en el parque. Jongkind era un modelo para muchos artistas impresionistas; Monet, que había sido su discípulo, dijo: «Desde entonces fue mi auténtico profesor. A él le debo sobre todo que me adiestrara la vista». El cuadro de Jongkind *Notre-Dame de París a la luz de la luna* (Reims, Musée des Beaux-Arts) pudo ofrecer a Sargent un importante impulso para su cuadro del parque a la luz de la luna.

El lienzo de Sargent *En el Jardín de Luxemburgo* no narra nada, sino que describe un momento que parece casual: una pareja paseando, un hombre leyendo el periódico al lado del estanque, la luna que lanza reflejos de plata sobre la superficie del agua. Sargent concede especial importancia a la ropa elegante de la pareja que pasea en el primer plano, vacío. «La Modernidad y la moda estaban muy relacionadas entre sí y los artistas modernos, entre los que se encontraban los impresionistas, tenían un público a la moda, que no ha de equipararse al éxito económico» (Christoph Becker).

Aún ese mismo año Sargent retrató a *Madame Édouard Pailleron* en el jardín de su casa. La señora Pailleron lleva un traje de tarde muy elegante, blanco y negro; recoge la falda con el mismo movimiento en zig-zag de la joven dama del parque. Con esos retratos de la élite social, John Singer Sargent tuvo un gran éxito.

En el Jardín de Luxemburgo, 1879
Óleo sobre lienzo, 65,7 x 92,4 cm
Philadelphia Museum of Art,
John G. Johnson Collection

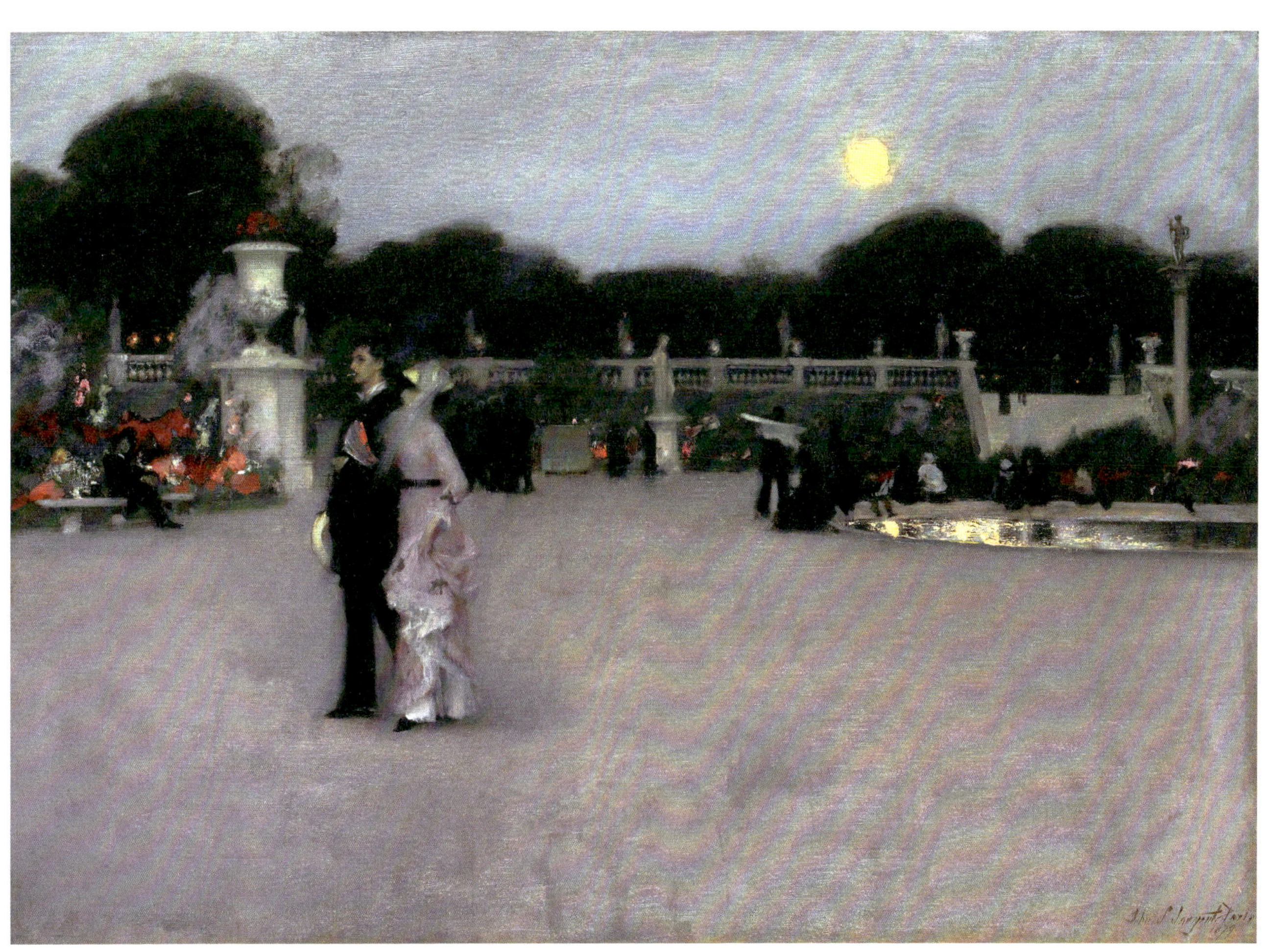

Giovanni Battista Segantini
La cosecha del heno, 1888-98

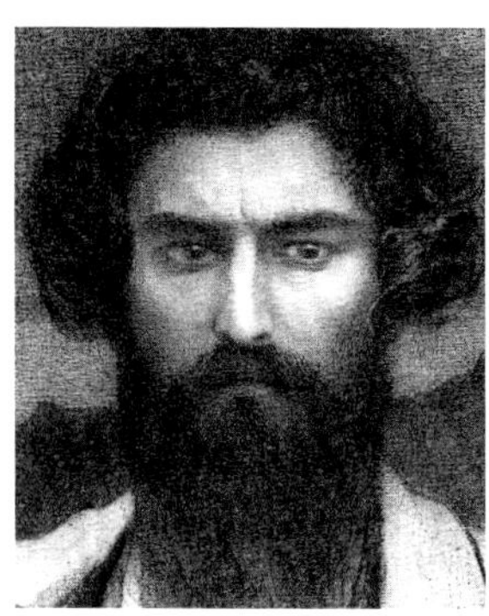

n. 1850 en Arco
f. 1899 en Pontresina

Autorretrato, 1895
Dibujo al carbón con polvo de oro y trazas de tiza sobre tela, 59 x 50 cm
St. Moritz, Segantini Museum, obsequio de la familia de Oskar Bernhard

«Entonces vi cómo ese rayo de luz se iba haciendo cada vez mayor, hasta que tomó forma humana, la forma de una mujer. Pero del mismo modo que se había formado la figura, casi viva y comprensible a la vista, se deshizo de nuevo, se descompuso en colores brillantes de color rosa. Sin embargo, miré fijamente hacia ese punto y volvió a aparecer; siguió estando fluida, pero reconocible en su forma transparente y brillante… La bella figura divina se rodeó de un cuerpo plateado que se extendía y desplazaba las oscuras sombras de la nube» (Segantini).

La impresionante descripción que hace Segantini de esta visión de cuerpos celestiales remite al significado de su motivos. Luces y sombras, una mujer trabajando y el cielo lleno de nubes ya no son una expresión espontánea, una sección casual de la realidad, sino que asumen el sentido figurado de divinidad y amenaza, existencia y redención.

Segantini desarrolló su arte simbólico en los años posteriores a 1886 con motivos de los Alpes superiores; con ellos se dedicó a la técnica pictórica divisionista. Sus obras tempranas comprenden, en gran parte, escenas realistas de género, que recuerdan las obras de Millet y de Daubigny. Los pintores de la Escuela de Barbizon —y entre ellos sobre todo Millet— se habían convertido en los artistas que por antonomasia describían el mundo campesino. El duro trabajo de los campesinos, como puede apreciarse en el cuadro de Daubigny *El almiar* (il. pág. 17) y en *La cosecha del heno* de Segantini, se presenta como un proceso interminable, que se repite siempre igual. A la formación de un almiar de heno seguirá poco después su decrecimiento: reunir con el rastrillo y cargar el heno se hace tan solo para repartirlo a las reses durante el invierno. Daubigny lo muestra como un suceso anónimo, con pequeñas figuras en el paisaje, mientras que Segantini sitúa una sola figura en el primer plano, apelando a los sentimientos, pues despierta compasión o nostalgia. Segantini extraía sus conocimientos de su trato diario con campesinos y pastores, y generalizaba las experiencias individuales de estos hasta plasmar representaciones de un destino colectivo. Sobre la base de esa cualidad emocional, «arcaica», el artista fue instrumentalizado por la ideología del suelo y la sangre, que usurpó su pintura para un arte patrio regresivo. Del mismo modo, la posterior reinterpretación romántico-sentimental del mundo iconográfico de Segantini con fines turísticos desconoce el complejo contenido de sus cuadros.

Segantini comenzó *La cosecha del heno* hacia 1888 en Savognin, con un formato apaisado. En esta primera versión, el artista pintó un horizonte plano y uniforme, por encima del cual sobresalía el tronco de la campesina de igual modo que las pequeñas figuras de campesinos y almiares, que rompían la línea del horizonte. En 1898, Segantini añadió en la parte superior una pieza de lienzo, de modo que el formato pasó a ser casi cuadrado. Segantini completó la cadena montañosa y el cielo en la forma actual, con lo que le dio un significado simbólico: la luz radiante y divina hace desaparecer las negras nubes de la amenaza; frente a ellas, la vida humana en la tierra no puede influir sobre el destino, sino que solo puede doblegarse a este, como se agacha la campesina al recoger heno. Para Segantini, la luz gozaba de una prioridad superior, como para los impresionistas, si bien con un significado diferente. La técnica pictórica de los trazos situados muy cerca unos de otros, que constituyen un colorido transparente y sin embargo fuerte del cuadro, la tomó del movimiento neoimpresionista.

La cosecha del heno, 1888-98
Óleo sobre lienzo, 137 x 149 cm
St. Moritz, Segantini Museum

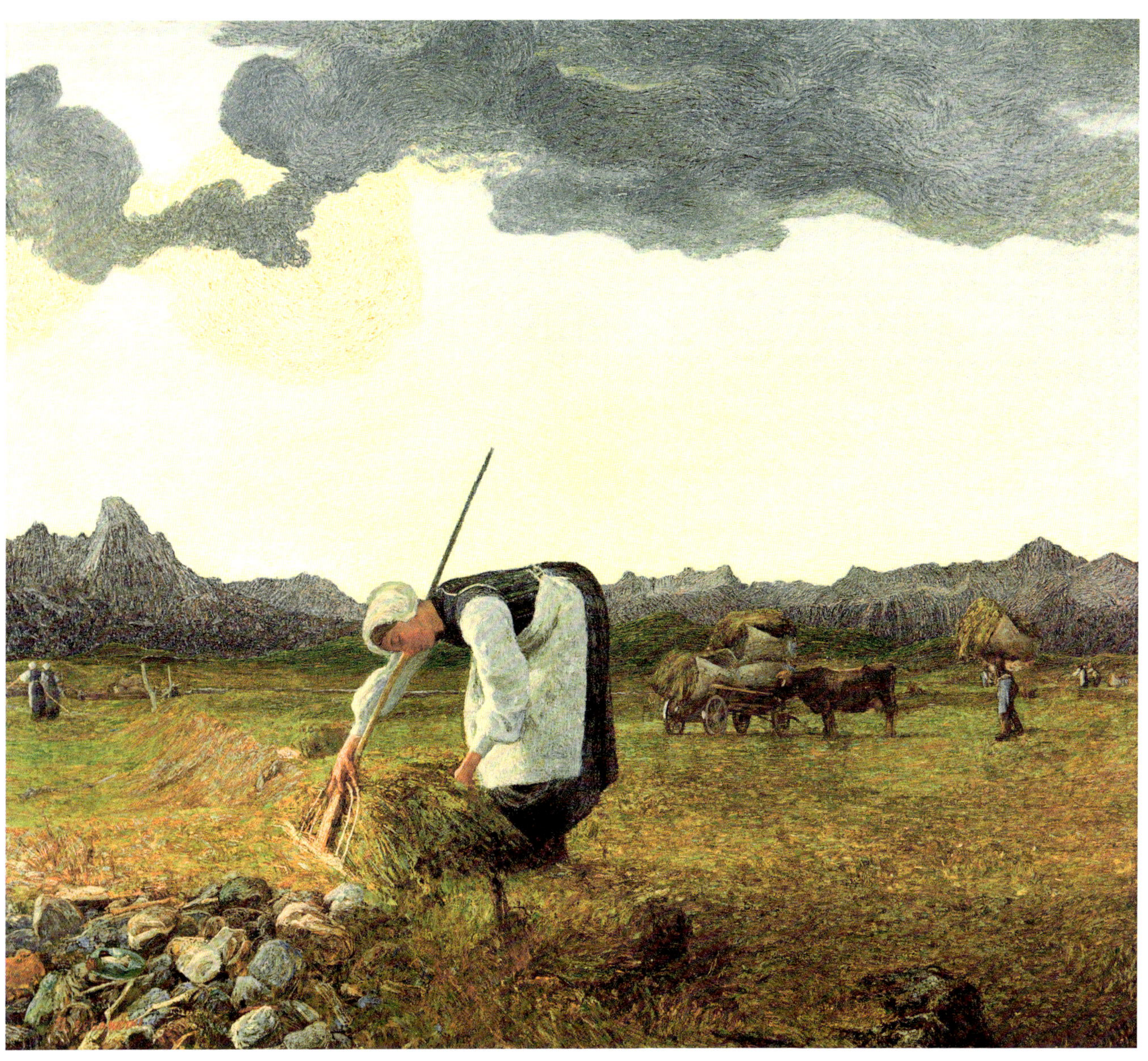

Georges Seurat
Un baño en Asnières, 1884

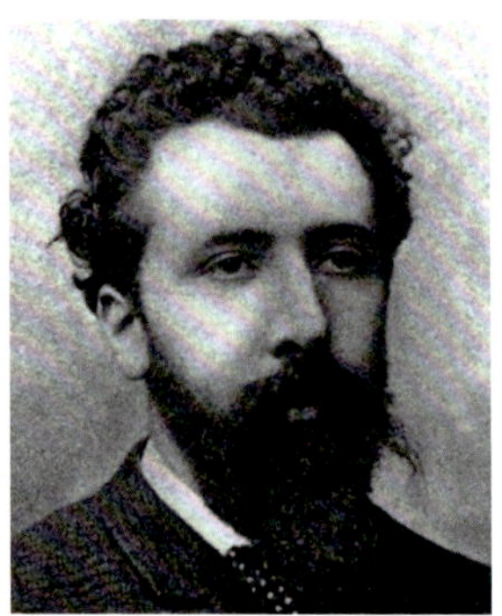

n. 1859 en París
f. 1891 en París

Con *Un baño en Asnières,* Georges Seurat concluyó su primer ejemplo en el estilo sintético del neoimpresionismo. Presentó el espectacular cuadro en 1884, en el Salón de los Independientes de París («Salon des Indépendants»), después de que lo hubiera rechazado el jurado del Salón oficial. En 1886, el marchante francés Durand-Ruel, que colaboraba estrechamente con los pintores impresionistas, llevó *Un baño en Asnières* consigo a una exposición de Nueva York. Fue el más controvertido entre los que allí se presentaron.

Controvertido lo estaba Seurat también entre sus compañeros: su participación —y la de Paul Signac— en la octava exposición de los impresionistas despertó controversias. Por último, Pissarro se impuso abogando por los dos jóvenes artistas, lo que provocó la retirada de la exposición de Monet, Renoir, Sisley y Caillebotte: el grupo impresionista se desintegró. Una serie de artículos aparecidos en la prensa elogió a Seurat y Signac como representantes de un nuevo estilo que superaba al impresionismo. Se dio a los dos entonces el calificativo, que sigue empleándose aún hoy en día, de neoimpresionistas.

Seurat centraba toda su energía en la intensidad del trabajo artístico. En unos doce años, su obra solo comprendía cuatro cuadros de grandes dimensiones, si bien al mismo tiempo había un elevado número de pequeños cuadros, proyectos y bocetos en óleo.

Su modo de trabajar se diferenciaba notablemente del que seguían los impresionistas: pintaba mucho en el estudio y no al aire libre; y lo hacía no espontánea e inmediatamente, sino de modo sistemático y reflexivo.

Para *Un baño en Asnières* hizo varios estudios de figuras individuales en la isla Grande Jatte, a partir de los cuales trazó la composición general. El estudio *Caballo blanco y caballo negro en el agua* (colección particular) explica el proceso de trabajo de Seurat: seguía el principio originario de Corot de indicar primero los colores más fuertes y continuar después de modo sistemático, hasta el tono más claro. Por tanto, Seurat marcó primero los tonos más oscuros y luego los más claros. El caballo marrón y el blanco, con los que experimentó durante mucho tiempo, ya no aparecen en el cuadro *Un baño en Asnières.*

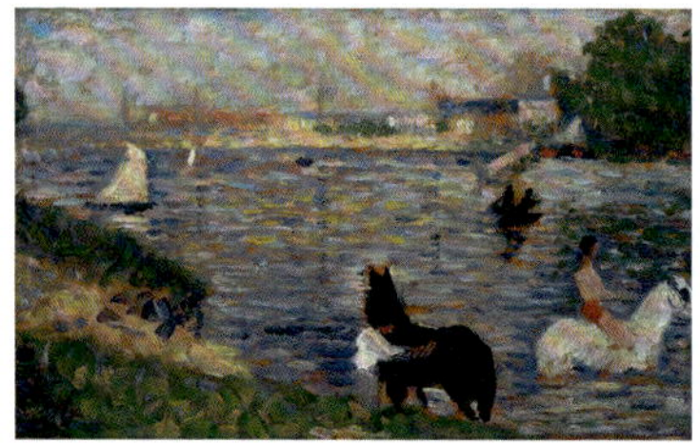

Caballo blanco y caballo negro en el agua
(Estudio para *Un baño en Asnières*),
hacia 1883/84
Óleo sobre lienzo, 15,2 x 24,8 cm
Colección particular

Realizó el cuadro exclusivamente en el estudio, lo cual venía también exigido por el tamaño del lienzo. La obra muestra a personas a orillas del río frente a la isla Grande Jatte. Al fondo pueden verse los edificios de una fábrica y un puente. Un barco lleva a pasajeros a la isla. A pesar de que Seurat concede la mayor importancia a los criterios impresionistas de luz y color, produce un ejemplo completamente distinto. El objetivo de Seurat no era la impresión fugitiva, sino la configuración de muchos momentos. La adición dio su impronta al motivo. No lo efímero sino lo duradero era lo que quería plasmar en el lienzo. Por eso se ha hablado del «estilo sintético» de Seurat. Su retorno a los modos de trabajo tradicionales y académicos se vio acompañado por el modo científico de usar los colores. En los años siguientes, Seurat desarrolló la teoría cromática del puntillismo sobre la base de la física, la óptica y la geometría, que durante algún tiempo también siguió Camille Pissarro.

Un baño en Asnières, 1884
Óleo sobre lienzo, 201 x 300 cm
Londres, The National Gallery

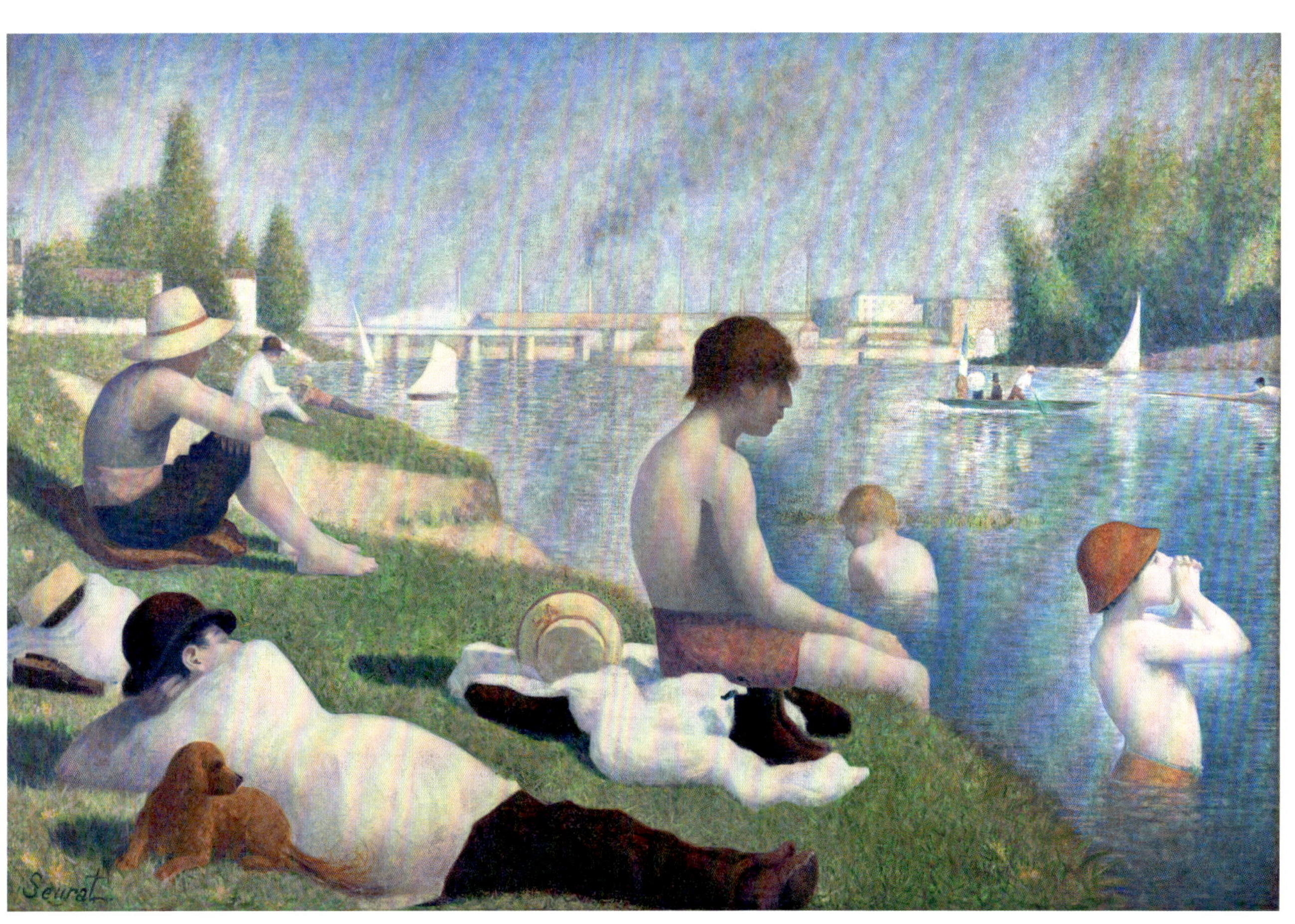
Seurat

Walter Richard Sickert

La galería de Old Bedford, hacia 1895

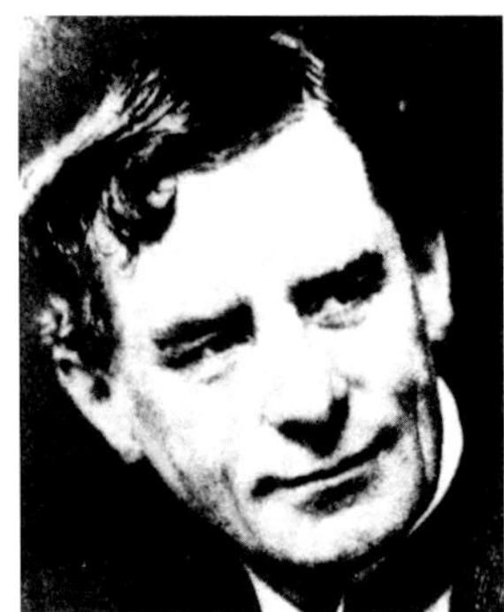

n. 1860 en Múnich
f. 1942 en Bathampton

Walter Richard Sickert tenía una relación especial con el mundo del teatro, porque había trabajado primero como actor. Quizá se deba a ello el hecho de que —como sucede en su lienzo *La galería de Old Bedford*— centrara su mirada más en el público que en lo que ocurre en el escenario. Sus motivos preferidos los encontró Sickert en el mundo del teatro de Londres y en los *music-halls*; sobre todo el Bedford Theatre de Camden Town le sirvió como motivo de inspiración en varias ocasiones. Con *La galería de Old Bedford* dirige por primera vez su atención creadora al público, cosa que seguirá haciendo —con pocas excepciones— hasta entrados los años veinte del siglo XX. En *La galería de Old Bedford* se concentra además en los espectadores de la galería, de los palcos, a diferencia de la gran masa en el patio de butacas.

Probablemente, el cuadro estaba pensado como pendant a la obra de Sickert denominada *Little Dot Hetherington en el Bedford Music Hall:* en este se puede ver a la cantante, poco conocida, Little Dot Hetherington en el escenario del teatro. En una actuación de noviembre de 1888, cantó la canción *The boy I love is up in the Gallery* («El chico al que amo se encuentra en la galería»), mientras señalaba con el brazo hacia la galería, tal y como la ha plasmado Sickert. Desde entonces, Sickert se había dedicado a dibujar la decoración interior de este teatro pasado de moda y plasmó otras representaciones en el teatro. *La galería de Old Bedford* forma parte de toda una serie de cuadros de la galería, realizados en la década de 1890 y que se diferencian unos de otros sobre todo por el colorido y la iluminación.

«A lo largo de una serie de sesiones cansadoras y anodinas, que parecen no conducir a ningún sitio, llega el día en que sucede algo: los toques parecen cobrar vitalidad, el sordo lienzo escucha, tus palabras fluyen y has hecho algo».
— WALTER RICHARD SICKERT

En este caso, un brillo claro y rojizo se despliega sobre los palcos; es un reflejo de la iluminación del escenario. Todos los rostros de los espectadores, exclusivamente hombres, se dirigen al escenario. En combinación con el cuadro *Little Dot Hetherington en el Bedford Music Hall* se puede pensar que los hombres, siguiendo el texto de la canción, sueñan con ser el muchacho al que se refiere la cantante. El cuadro parece ser un sueño en tonos rojos y dorados; de hecho, solo en su mitad es «real», pues la otra mitad es un reflejo en el espejo.

Durante los años noventa del siglo XIX, Sickert estaba considerado como uno de los artistas líderes de la vanguardia. Era miembro del New English Art Club, una asociación dedicada a exponer y propagar el arte moderno en Gran Bretaña. Discípulo de James Abbot McNeill Whistler y amigo de Edgar Degas —con quien compartía la pasión por el teatro—, Richard Walter Sickert se convirtió en uno de los principales representantes del impresionismo londinense.

Sickert había conocido a Degas en 1883, cuando transportó uno de los cuadros de Whistler a la exposición en el Salón de París. James Abbot McNeill Whistler, que vivía en Inglaterra, le había dado cartas de recomendación, también para Degas. De ese modo, Sickert entró pronto en contacto con los pintores impresionistas; sobre todo Degas influyó mucho sobre él. En el año 1885, Sickert pasó algunas semanas, con Degas y otros artistas, en Dieppe, donde pintó dirigido por él. Degas hizo un pequeño dibujo al pastel durante el tiempo que pasaron allí: *Seis amigos del artista* (1885, Providence, Rhode Island School of Design Museum) muestra, entre otros, a Walter Richard Sickert. Para este, Dieppe se convirtió en un lugar importante al que volvía una y otra vez, sobre todo en verano.

La galería de Old Bedford, hacia 1895
Óleo sobre lienzo, 76,3 x 60,5 cm
Liverpool, Walker Art Gallery

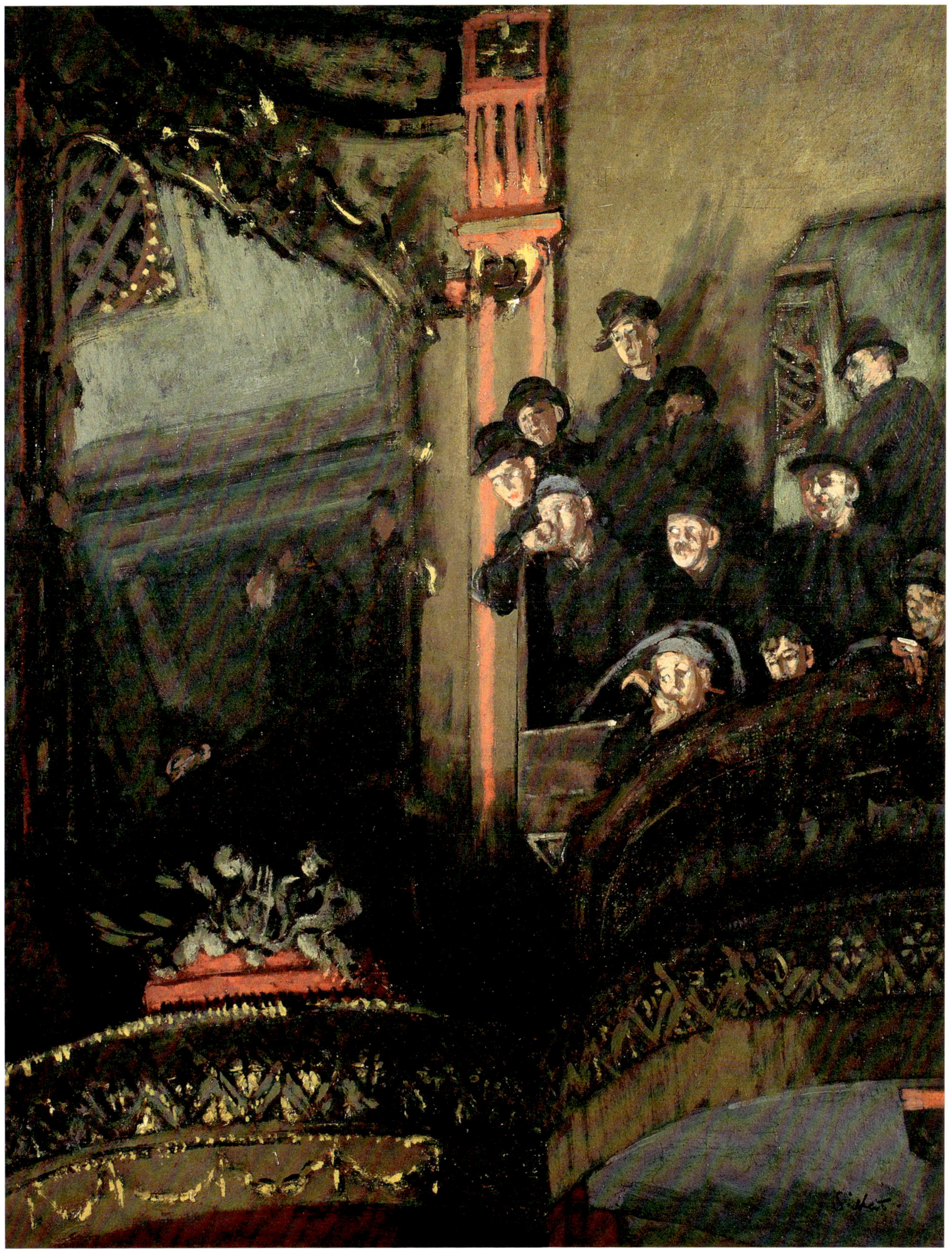

Paul Signac

Capo di Noli, cerca de Génova, 1898

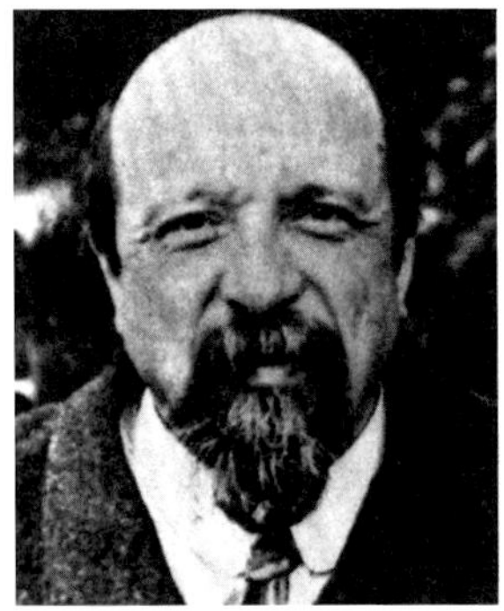

n. 1863 en París
f. 1935 en París

«El pintor anarquista no es el que crea pinturas anarquistas, sino el que lucha con toda su individualidad contra las convenciones oficiales».
— PAUL SIGNAC

«Comencé *Capo di Noli*, con el que quería lograr una policromía extrema. Para ejercitarme empleaba mis propias muestras de colorantes de seda, tan intensos y brillantes. Los llevaré, uno detrás del otro, a mi lienzo; no quiero que quede ni un solo centímetro de color mate y cada sección del cuadro la transformaré en un extremo. Si resultan demasiado vivos, siempre se pueden atenuar un poco».

Por lo que se sabe, Signac no atenuó los colores, sino que los dejó como los aplicó inicialmente. *Capo di Noli* se consideró como el momento culminante de la embriaguez de colores de Signac.

El entorno mediterráneo contribuiría seguramente a que empleara colores tan vivos. El Capo di Noli está situado en la Riviera italiana, hacia donde gustaba de viajar Signac desde Saint-Tropez. Entre 1892 y 1900, el pintor vivió en Saint-Tropez, desde donde salía con su velero *Olympia* para explorar los alrededores. Descubrió en la naturaleza un nuevo colorido, que se puede encontrar en las obras de esa época. Las rocas blancas y rojas, el horizonte de un claro violeta, las sombras azules y las manchas doradas del sol son fiel testimonio del intento de Signac de llevar al color hasta su máxima intensidad.

Desde la muerte de Seurat, ocurrida en 1891 y que le afectó profundamente, Signac buscaba cada vez más una vía artística propia. Las declaraciones hechas en esta época se movían una y otra vez en torno a conceptos como libertad y armonía. «¡Liberémonos nosotros mismos! Nuestro objetivo ha de ser crear armonías bellas». A lo que Signac se refería era a liberarse de la idea de pintar imitando la naturaleza, una concepción que había perseguido hasta entonces. Producir una copia de la naturaleza lo más exacta y auténtica posible le parecía entonces una pérdida de tiempo. En los años en torno al cambio de siglo, la teoría científica de los colores de Seurat le condujo a un principio artístico personal.

A diferencia de sus primeras obras, Signac ya no seguía la teoría definida por la aplicación de dos colores en contraste. *Capo di Noli* muestra una convivencia libre y armónica de los más diferentes valores cromáticos, que Signac ha aplicado con pinceladas verticales y horizontales. Las rocas del extremo izquierdo y la vegetación en el lado derecho se reproducen con trazos verticales, de acuerdo con su estructura. El camino y el mar, sereno y tranquilo, los pintó Signac con una pincelada horizontal. El cielo aparece formado por pequeños puntos en el horizonte y hacia el primer plano con trazos diagonales entrecruzados. Con esta pincelada estructuradora, Signac subraya la composición, impresionantemente armónica, del cuadro. Parece una vista «ideal» de un paisaje soleado, fuera del tiempo.

En 1894, Signac escribía: «Hace unos años intenté con mucho esfuerzo demostrar a otros, con experimentos científicos, que esos tonos azules, esos colores amarillos y esas variaciones de verde se encuentran en la naturaleza. Ahora me doy por satisfecho diciendo: pinto así porque esa técnica me parece la más adecuada para conseguir el resultado más armonioso, más luminoso y de colores más brillantes… y porque me gusta.»

Capo di Noli, cerca de Génova, 1898
Óleo sobre lienzo, 91,5 x 73 cm
Colonia, Wallraf-Richartz-Museum & Fondation Corboud

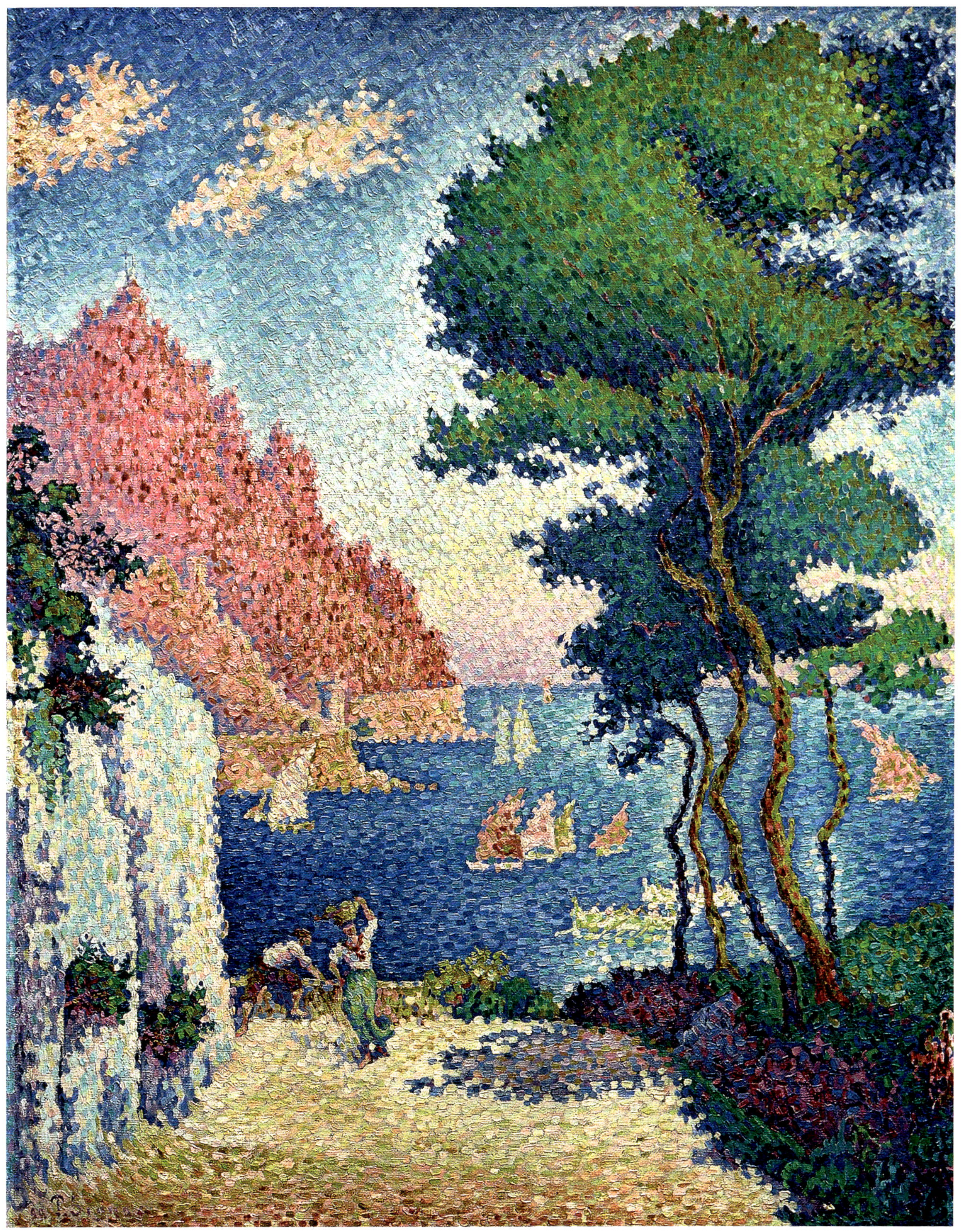

Paul Signac
El Palacio de los Papas en Aviñón, 1909

«La edad de oro no ha terminado; se encuentra en el futuro».
— PAUL SIGNAC

En los primeros años del siglo XX, Paul Signac se dedicó a pintar, una y otra vez, edificios que se alzaban a orillas del agua. Como vistas desde el lado del agua pintó Notre-Dame-de-la-Garde en Marsella, la iglesia de Santa Maria della Salute en el Canal Grande de Venecia, el faro de Biarritz, una vista de La Rochelle y *Puerto de St. Tropez*. Al igual que Daubigny o Monet, también él iba probablemente en barca buscando motivos, lo cual le ofrecía asimismo la posibilidad de representar sutiles reflejos de los colores sobre el agua.

En la década de 1880, Signac había pintado —con su amigo Armand Guillaumin— vistas de París y paisajes, evidentemente influenciado por las características del arte impresionista.

Sorprendentemente, Signac no recibió la formación usual en la École des Beaux-Arts. Sobre todo para generación mayor de los impresionistas resultaba todavía obligatoria la formación formal en la Academia. En su lugar, Signac fue autodidacta: se familiarizó con el arte impresionista mediante la observación y aprendió principalmente de Georges Seurat, a quien le unía una estrecha amistad. El puntillismo de este marcó claramente su estilo personal. A comienzos del siglo XX, Claude Monet sigue un camino muy similar a Signac; los dos trabajan con formas simplificadas y colores dominantes y fascinantes. *El Parlamento de Londres (El puente de Westminster)* de Monet utiliza incluso el mismo ambiente rojo-violeta que Signac en su cuadro *El Palacio de los Papas en Aviñón*.

Paul Signac plasmó el Palacio de Aviñón en dos versiones. El cuadro que aquí se reproduce, del año 1909, presenta la monumental arquitectura a la luz matinal. Para el segundo cuadro, Signac escogió la misma vista, pero en la puesta de sol.

El Palacio se construyó en el siglo XIV, cuando varios Papas residieron en Aviñón. Para dar a la residencia papal brillo y dignidad, se alzó una sólida fortaleza gótica; la catedral de Notre-Dame-des-Doms, situada junto al Palacio, se amplió. El famoso puente de Aviñón sobre el Ródano, popularizado por la canción infantil, quedó parcialmente destruido en el siglo XVII. Los arcos del puente que se siguen conservando aún hoy los representó Signac en la mitad izquierda del cuadro. De modo similar a Alfred Sisley en *El estanque de Marly-le-Roi* (il. pág. 87), Signac no percibió el impresionante conjunto arquitectónico en su importancia histórica, sino que lo utilizó como maravilloso motivo que permitía reflejar el juego de colores al salir el sol.

Paul Signac seguía aquí la divisa: «La simplificación de los elementos te conduce a emplear más color». Redujo el edificio a la silueta y a unos pocos elementos de la estructura interior. Aún pueden reconocerse el edificio con la iglesia al lado, la vegetación en la orilla y el puente. El agua y el cielo llegan a confundirse. El Palacio, brillando a la luz de la mañana, se alza vigoroso, como en una visión atemporal, desde la vegetación, aún sumida en sombras.

El Palacio de los Papas en Aviñón, 1909
Óleo sobre lienzo, 73,3 x 91,9 cm
París, Musée d'Orsay

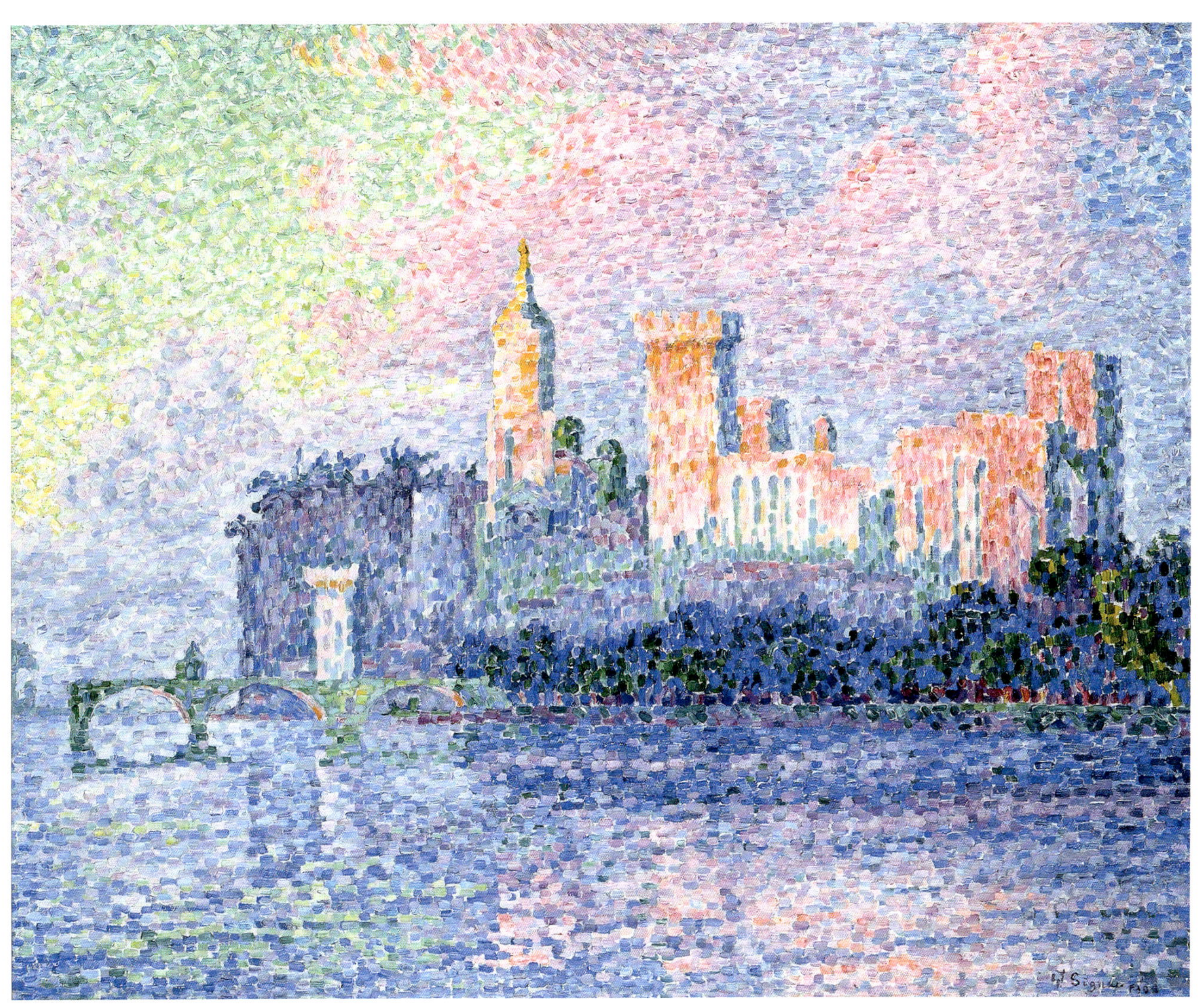

Alfred Sisley
El estanque de Marly-le-Roi, hacia 1875

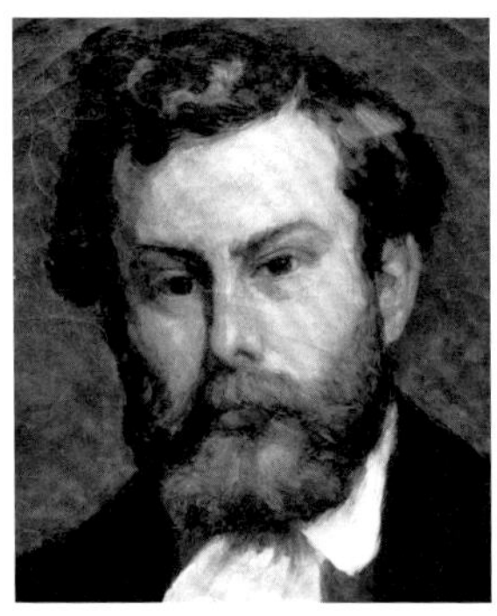

n. 1839 en París
f. 1899 en Moret-sur-Loing

«... Siempre empiezo el cuadro por el cielo...»; así escribió Alfred Sisley, quien prácticamente solo pintaba paisajes. «Este [el cielo] no solo contribuye a dar profundidad al cuadro por sus diversos planos —pues también el cielo, como el terreno que aquí aparece, tiene un primer plano, un medio plano y un fondo—, sino que también le da vida con las formaciones nubosas. ¿Hay algo más maravilloso y emocionante que un cielo de azul profundo, con nubecitas blancas y ligeras, tal y como suele verse en verano? ¡Cuánto movimiento, cuánta compostura hay en él! ¿No es verdad? Causa el mismo efecto que una ola cuando se está en el mar: uno se siente entusiasmado, embelesado. Otro cielo, más tarde, al atardecer. Las nubes se alargan, se confunden unas con otras como el agua en la quilla de un barco; parecen ser torbellinos petrificados en el aire hasta que, poco a poco, desaparecen tragados por el sol poniente. Este cielo es más suave, más melancólico. Tiene el atractivo de las cosas efímeras, lo que me gusta especialmente».

En *El estanque de Marly-le-Roi,* Sisley se concentró en el cielo nublado del invierno, en el que a través de las nubes aparece un pálido sol. El color beis rojizo de la imprimación se transparenta en muchos lugares por la fina capa de pintura; en grandes ámbitos del cielo queda totalmente sin cubrir. El tono de la imprimación del lienzo, originalmente más claro, domina todo el cuadro; probablemente se tratara de una imprimación comercial, que no hizo el propio Sisley.

Este aprovechó el lienzo imprimado para la luz plomiza de una tarde de invierno que pesa sobre el cuadro. La fina capa de pintura y la paleta extremadamente reducida son típicas de la obra de Sisley en esta época. *El estanque de Marly-le-Roi* consta tan solo de cinco colores, además de blanco y negro. Las precipitadas pinceladas indican que Sisley pintó el cuadro con rapidez. Se hizo en tan solo una sesión al aire libre; más tarde, cuando estaba ya seco, se añadieron tan solo unas pocas manchas de color. Por tanto, este cuadro es uno de los pocos que —según la concepción ideal de los impresionistas— reproduce una impresión inmediata y espontánea.

El estanque, que ocupa todo el primer plano del cuadro, se encuentra en un extremo del parque del Palacio de Marly, que Luis XIV hizo construir en el siglo XVII y que fue destruido a finales del siglo XVIII. Entre 1874 y 1877, Sisley vivió con su familia en Marly-le-Roi; fue una época en que tuvo que luchar contra grandes dificultades económicas. En el invierno de 1876/77 plasmó el motivo del estanque en Marly-le-Roi y otros restos de las fuentes reales en aproximadamente una docena de cuadros.

Sisley aprovechó el eje visual barroco alargado, que a través del estanque y de la calle se extiende al paisaje, como la línea compositiva para su cuadro. Al igual que Claude Monet en *El jardín de Monet en Vétheuil* (il. pág. 59), Sisley utilizó la línea del eje central para crear profundidad.

El estanque de Marly-le-Roi, hacia 1875
Óleo sobre lienzo, 49,5 x 65,4 cm
Londres, The National Gallery

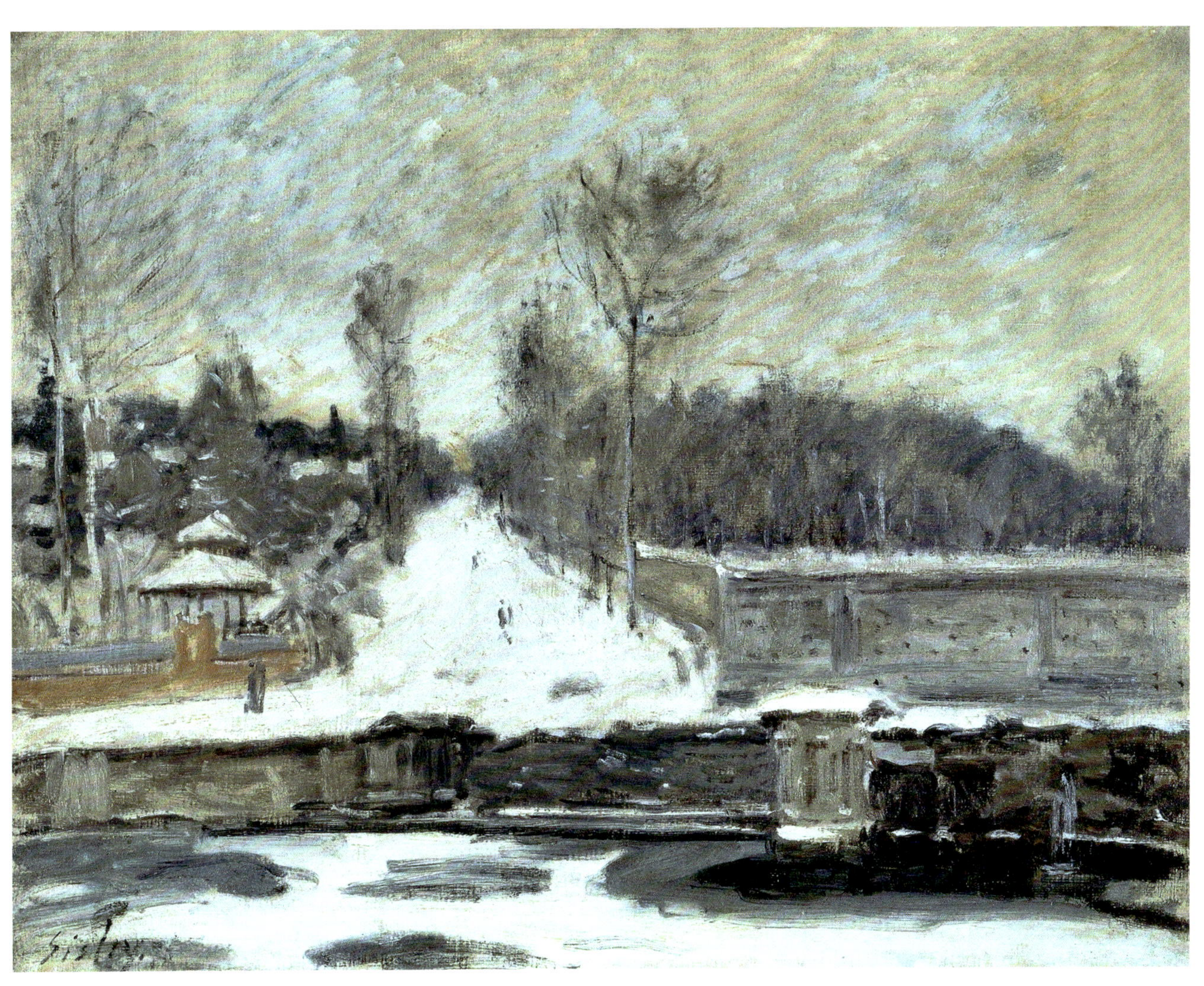
Sisley.

Alfred Sisley
El camino a la vieja barca, 1880

El camino a la vieja barca es otro de los paisajes de Sisley en los que la representación del agua ocupa un lugar muy destacado. Como en su obra temprana *Otoño: A orillas del Sena, cerca de Bougival* (il. pág. 22), Sisley pintó una barca cruzando el río, un pueblo en la orilla, un camino que desciende hacia esta y pequeñas figuras humanas que sirven de relleno.

No solo los colores son más intensos, sino que también la pincelada de Sisley se ha vuelto más vigorosa; el color ya no produce tanta veladura como en la década de 1870. Como línea compositiva, Sisley vuelve a emplear un camino que se introduce en el paisaje desde la izquierda, en el primer plano, y que crea la necesaria profundidad. Al mismo tiempo, el artista atrae la mirada del observador hacia el tejado rojo y rectangular que ocupa el centro del cuadro y que se encuentra en la otra orilla. Esta mancha roja en medio de un entorno verde resulta especialmente llamativa, porque Sisley emplea los colores complementarios rojo y verde. Inmediatamente debajo del tejado rojo se ve a un grupo de personas, a este lado del río, esperando. De este modo, el observador anticipa el movimiento que las personas que esperan en la orilla han de hacer aún: trasladarse al otro lado. De este modo tan sutil, Sisley integra al observador en el cuadro y sobre todo en el movimiento.

Además, el cuadro adquiere una inesperada tensión debido al cruce de dos direcciones divergentes del movimiento: el río, que describe una tranquila línea horizontal de derecha a izquierda, está indicado con pinceladas horizontales; por encima, el barco y la mirada del observador cruzan hacia el fondo del paisaje. Se diría que se siente la resistencia del agua al cruzar el río.

El propio Sisley escribió sobre el movimiento en el paisaje: «Además del motivo en sí, el principal interés de la pintura de paisajes radica en la vida y el movimiento. Y allí radica al mismo tiempo la principal dificultad. Dar vida a la obra es la condición indispensable para el auténtico artista. Todo ha de contribuir a este menester: la forma, el color y la realización. La excitación del que crea genera la vida y despierta el mismo sentimiento en el espectador. A pesar de que el pintor debería de estar por encima de su arte, en ciertos momentos la ejecución ha de ser apasionada, para trasmitir al observador la excitación que hizo presa del artista».

Sisley pensaba que el artista ha de dejar de lado las cosas superfluas y «empujar al observador a que siga el mismo camino que él, para que vea lo que ha cautivado al artista que ha hecho la obra». En *El camino a la vieja barca* y en muchas otras obras suyas, lo fascinante es cruzar el agua, en una barca, sobre el puente o con la mirada.

«En cada cuadro hay una esquinita que el artista aprecia especialmente» (Sisley). Descubrir la «esquinita especial» le parecía a Sisley algo particularmente atrayente al observar obras de arte.

El camino a la vieja barca, 1880
Óleo sobre lienzo, 50 x 65 cm
Londres, The National Gallery

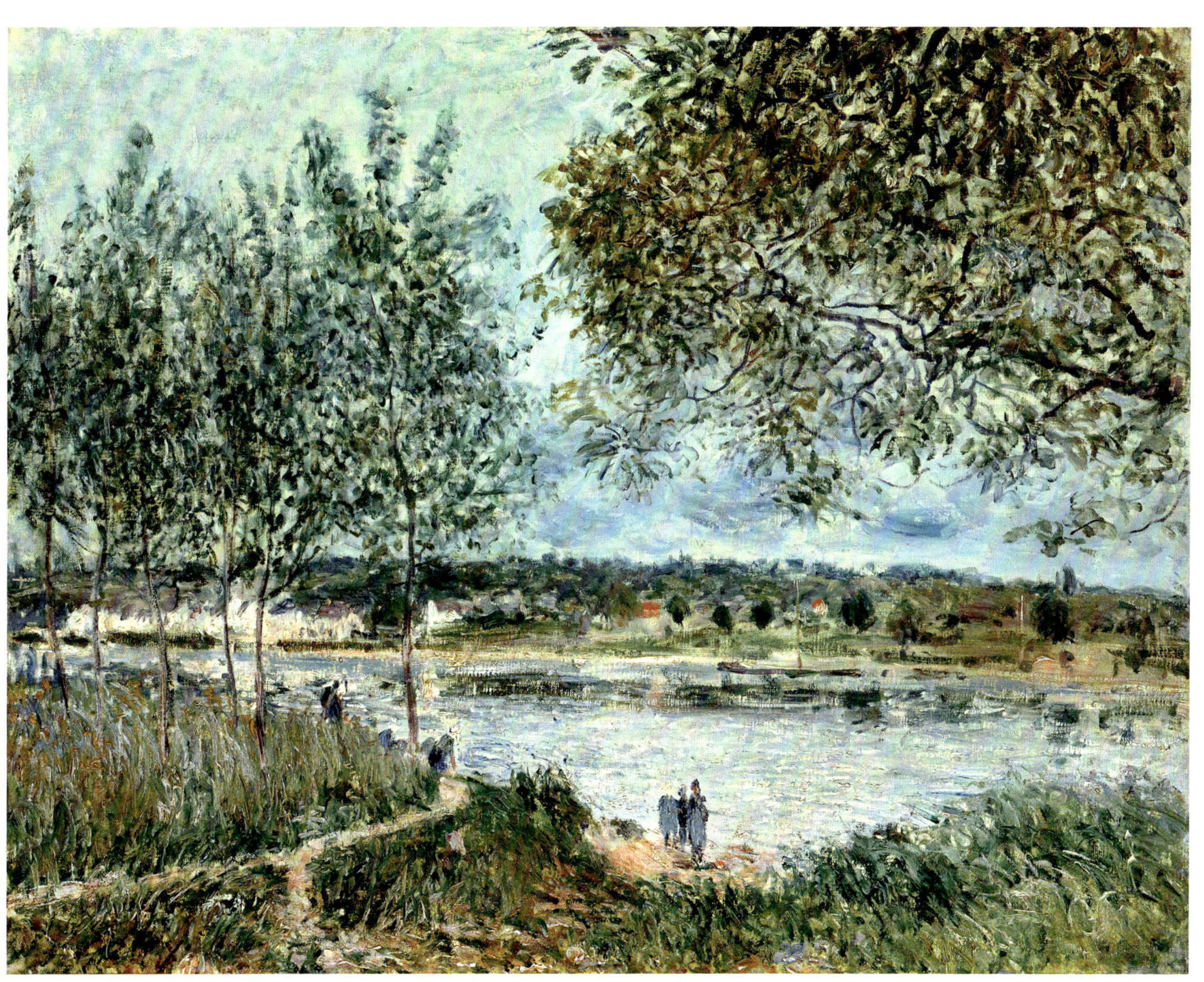

Max Slevogt

Desfile, 1913

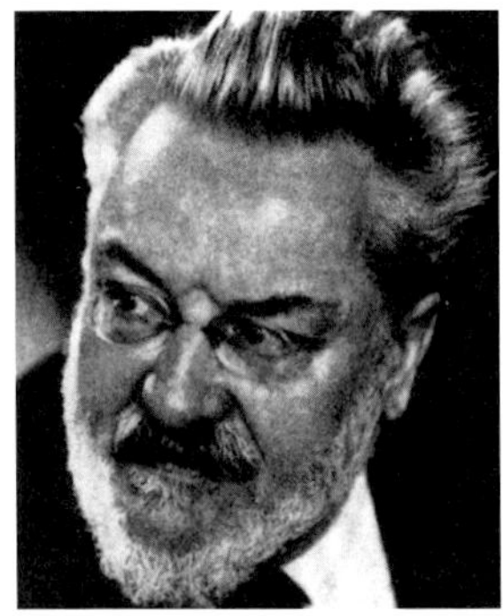

n. 1868 en Landshut
f. 1932 en Neukastel

Max Slevogt pintó el acontecimiento del desfile que entraba en Berlín por la Puerta de Brandemburgo el 17 de junio de 1913, fecha en que el káiser alemán Guillermo II celebraba sus bodas de plata en el trono. Slevogt observó el desfile desde la primera planta de un edificio ubicado en el lado sur de la calle.

Existen dos versiones del acontecimiento: el cuadro *Desfile* presenta lo sucedido por la mañana. La segunda versión, del mismo formato, se hizo desde un balcón elevado. Mientras que el cuadro que representa la mañana permite echar una mirada al desfile, en el de la tarde la mirada resbala solo brevemente por la animada calle, hasta los tejados decorados con banderas. La gran bandera negra, blanca y roja que cuelga de una barra decorada con coronitas en la casa vecina ha de competir con la publicidad del Teatro Passage, que se encuentra asimismo allí.

La impresión de la mañana de Slevogt elige como objeto el desfile en sí, que se mueve por el cuadro de izquierda a derecha. Los participantes, cuya dinámica queda subrayada por el curso oblicuo de la calle, están apenas bosquejados con unas pinceladas. Solo los colores de la bandera prusiana (negro-blanco-rojo) y la «casaca azul» de los soldados permiten reconocer que se trata de un desfile militar prusiano. Slevogt se concentra en el *staccato* de los soldados desfilando y en las sombras oblicuas a la dirección de marcha. Estos breves trazos definen la estructura del cuadro y se prolongan, en el fondo, en el ritmo más ralentizado de los troncos de árbol y de los mástiles de las banderas, verticales. Las pinceladas con las que se caracteriza a los soldados que desfilan a la derecha recuerdan, y no casualmente, a la puntuación de notas en una partitura; se aprecia la influencia del trabajo que Slevogt estaba haciendo al mismo tiempo, compaginándolo con este: las ilustraciones para la *Flauta Mágica* de Mozart y sus dibujos al margen de la partitura. Slevogt admiraba la partitura de Mozart: «Ningún artista puede emplear la pluma con más inspiración, con más gracia, con más ingenio. Ya solo con la vista se siente el sonido, el espíritu de la obra... Cómo Mozart forma las diferentes cabezas de las notas, cómo tensa suavemente los trazos de unión y coloca con prisa los trazos del compás... los miles de formas que tiene para subrayar algo, la indescriptible gracia que cubre cada una de las páginas, hace sorprenderse a todo aquel que tenga interés por la línea y por su valor de expresión».

Slevogt, a su vez, transformó de modo igualmente presuroso y gracioso el «valor de expresión de la línea» de los soldados desfilando en notas de una partitura. El ritmo y la música se integran en la representación. El modo en que Slevogt reproduce el desfile se diferencia notablemente del que emplea el impresionista norteamericano Frederick Childe Hassam. Hassam, que eligió como motivo la celebración del 14 de julio de 1910 en París y la Quinta Avenida de Nueva York en el *Allies Day*, el 17 de mayo de 1917, puso las banderas muy en el primer plano. En la colección de arte de Slevogt se encontraba el lienzo de Édouard Manet *La Rue Mosnier, decorada con banderas* de 1878 (Los Angeles, The J. Paul Getty Museum). Quizá le inspirara esta representación para elegir ese motivo.

El objetivo de Slevogt no era glorificar el poder militar del Reich. Un año antes de comenzar la Primera Guerra Mundial, Guillermo II tenía una mala fama en toda Europa como militarote al que le gustaba subrayar su poder con pompas militares. Por el contrario, a Slevogt lo que le importaba era —como en todo el impresionismo— representar un estado de ánimo festivo, animado, y un ambiente claro. La efimeridad del momento se expresa en el sonido de la música que se apaga al pasar.

Desfile, 1913
Óleo sobre lienzo, 48,4 x 57,5 cm
Niedersächsisches Landesmuseum
Hannover

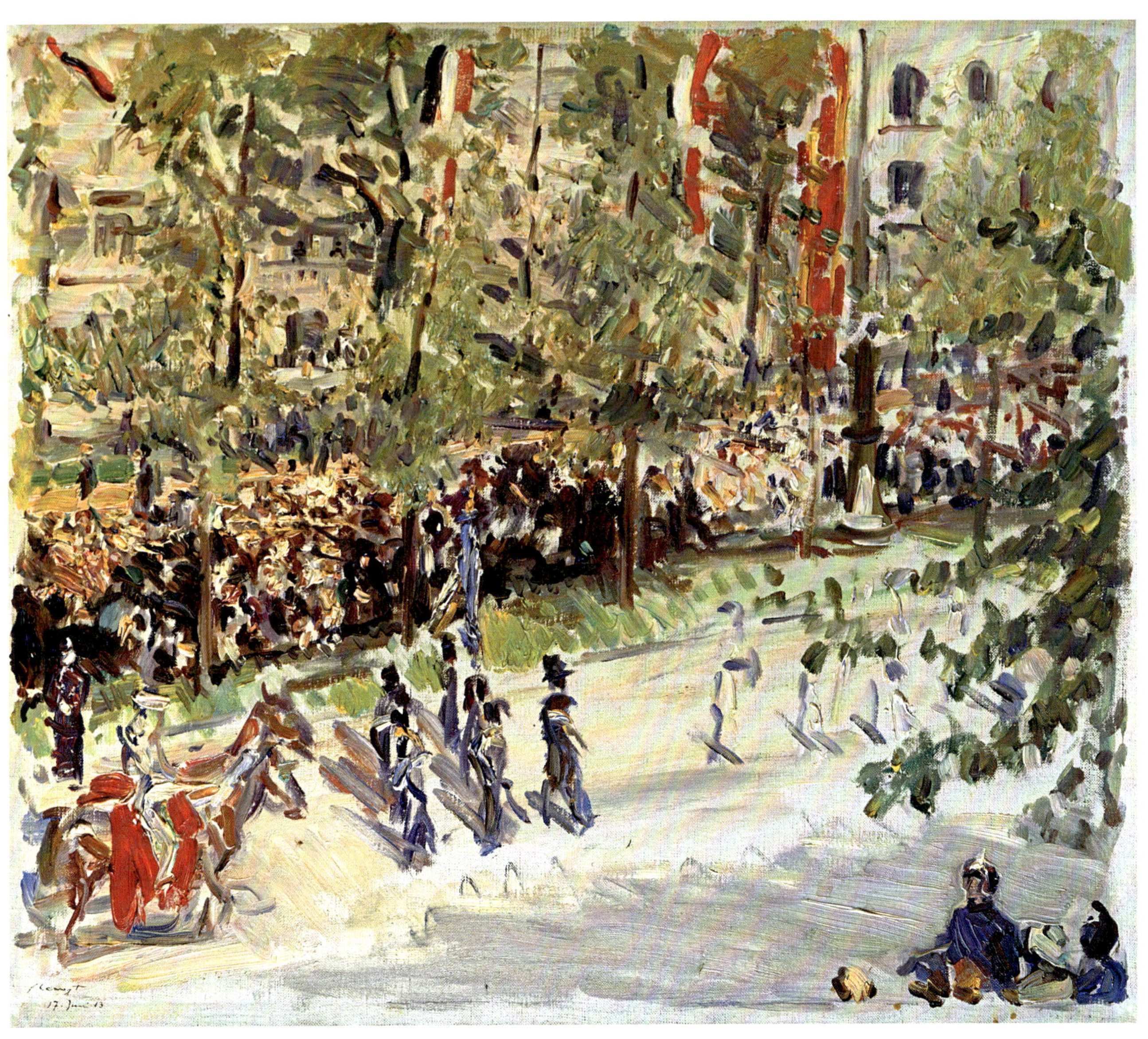

Fritz von Uhde
El camino del jardín, 1903

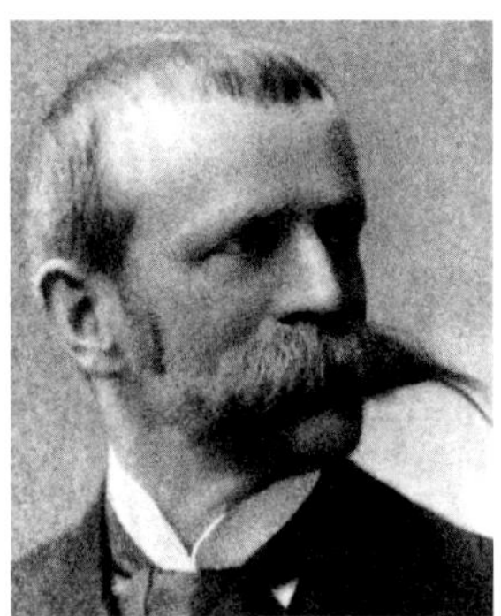

n. 1848 en Wolkenburg
f. 1911 en Múnich

«Hoy he hecho algo realmente extraordinario, quizá como nunca antes; trabajar al aire libre, con tonos finos y vaporosos, parece ser mi campo. También me resulta muy sencillo y es infinitamente más interesante pintar así, en la naturaleza, que con la aburrida luz del estudio». Estas frases las escribió Fritz von Uhde en septiembre de 1882, cuando se encontraba en Holanda. El periodo que había pasado antes, estudiando en París con el pintor húngaro Mihály Munkacsy, había llegado a su fin y volvía a Múnich. Uhde decía, estando todavía en París: «He tomado una técnica que lleva por un camino sencillo y muy correcto y que al mismo tiempo es extremadamente colorista». La pintura al aire libre llevó a Uhde sobre todo al arte realista; es decir, a una reproducción lo más natural posible de la realidad, incluyendo figuras que hasta entonces no se consideraban dignas de ser reproducidas, como los niños pescadores holandeses.

Cuando Fritz von Uhde, en 1883, expuso en la Exposición Internacional del Arte al mismo tiempo que Max Liebermann, un crítico se negó a tratar a los dos artistas en la sección alemana; dijo: «Con sus más recientes afanes, forman parte de los franceses». La búsqueda de la propia identidad, con la que estaba muy ocupado el joven Reich alemán, llevaba a rechazar de forma vehemente todo lo relacionado con el arte y la cultura franceses, tendencia que retrasó la introducción del impresionismo en Alemania.

Solo después de 1900, las obras de Uhde que se asemejaban a las de ese estilo cosecharon reconocimiento. Entre ellas se encontraba *El camino del jardín,* que fue adquirida en 1904 por el entonces Director de la Kunsthalle de Brema, Gustav Pauli. Presenta a las tres hijas de Uhde, ya casi adultas, con las que tenía una relación muy estrecha, pues su madre había muerto pocos días después del nacimiento de la menor.

Fritz von Uhde se hizo cargo entonces él solo de su educación, algo inusual en aquella época. De este modo se explica también que sus hijas —cuyo mundo le era tan familiar— se convirtieran una y otra vez en motivo para su pintura, en el jardín, en la escuela o mientras leían. Con esos temas, a los que se dedicó sobre todo después de 1900, se fue separando cada vez más del realismo, para volverse al impresionismo. El jardín de su casa de campo en Percha, donde sus hijas se sentían muy a gusto, se convirtió en una especie de refugio, como el jardín de Liebermann en la casa de Wannsee.

El camino del jardín muestra una esquina de la casa en el primer plano, a la derecha, donde se encuentran dos caminos que llevan al jardín, hacia la izquierda. Las tres hijas avanzan por el camino, seguidas por el perro, pasando por fruta de espaldera que se ve al fondo. La reja rectangular para la fruta de espaldera forma un interesante contraste con la vegetación salvaje, verde y marrón. Tanto en la ropa de las muchachas como en el jardín se aprecian manchas claras de luz. Los reflejos brillantes se reproducen mediante pinceladas claras y vaporosas, que se distribuyen de modo distendido por todo el cuadro. A la luz que cae sobre la escena, filtrada por el follaje verde, se dirige el principal interés de Uhde en este lienzo.

Entre 1903 y 1908 pintó un total de nueve obras, y casi todas ellas —siete lienzos y una acuarela— muestran el camino del jardín. Pero a diferencia de la serie de almiares de Monet, Uhde no se centró en los cambios de luz a lo largo del día, sino en los cambios que se producen a lo largo de los años. A esos tonos «finos y vaporosos» volvería Uhde una vez más, al final de una carrera.

El camino del jardín, 1903
Óleo sobre lienzo, 61 x 76 cm
Kunsthalle Bremen

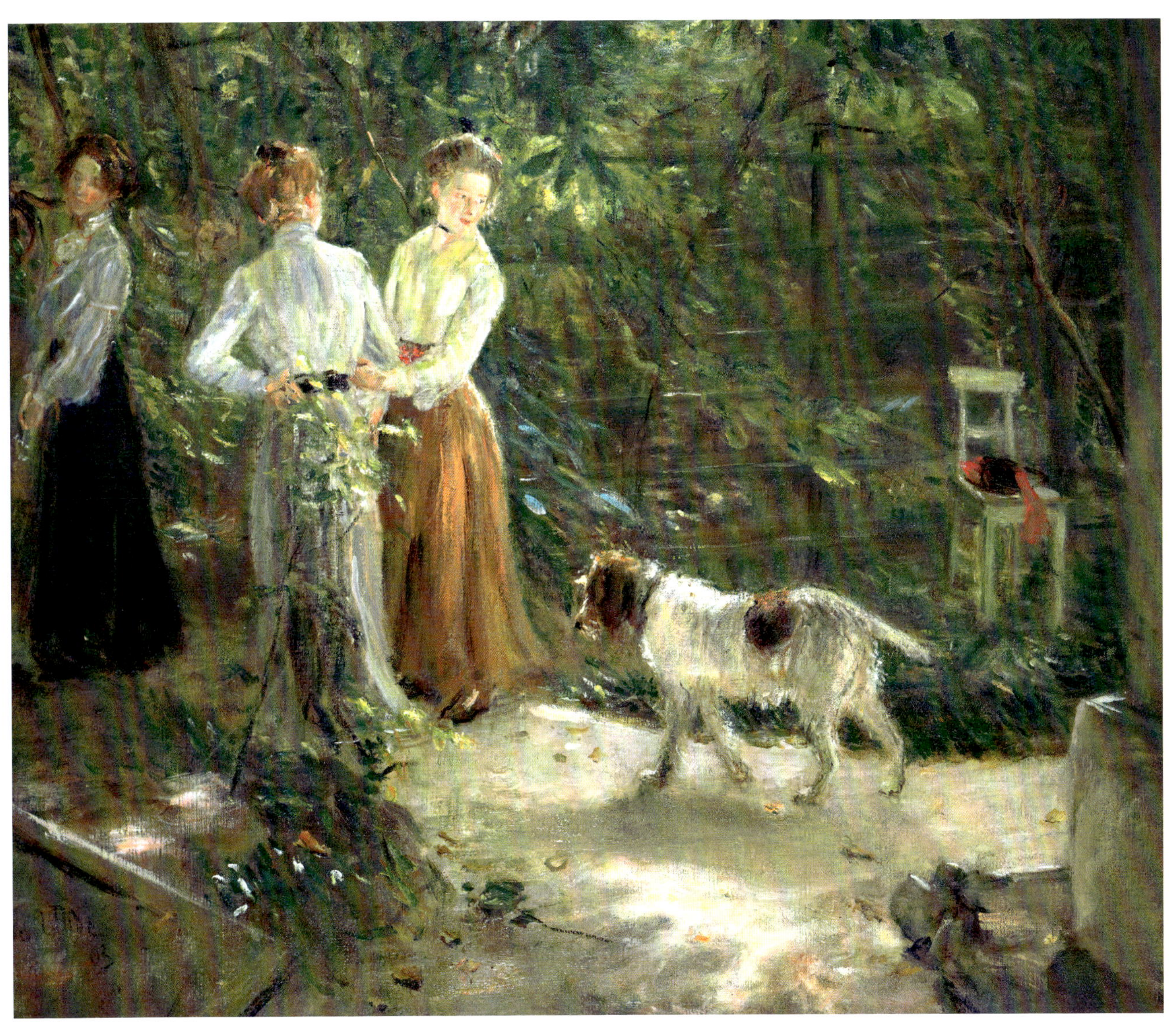

Federico Zandomeneghi
Plaza de Amberes en París, 1880

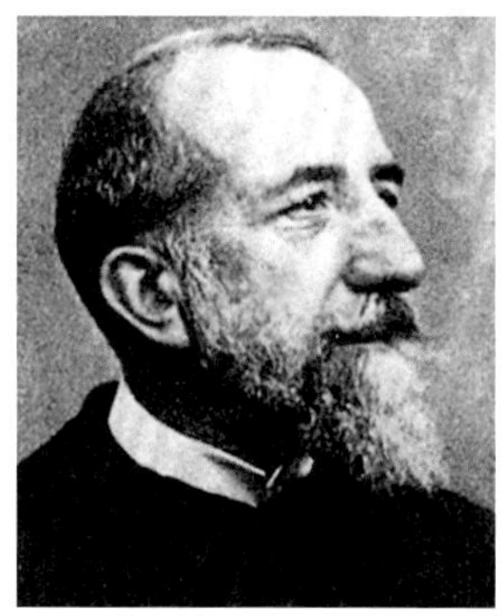

n. 1841 en Venecia
f. 1917 en París

El veneciano Federico Zandomeneghi se sintió mágicamente atraído por París, como sus compatriotas Giuseppe de Nittis y Medardo Rosso. Allí se estableció en 1874, probablemente inspirado y animado a dar ese paso por el artículo entusiasta que había escrito sobre la primera exposición de los impresionistas —celebrada ese año— su amigo, el crítico italiano Diego Martelli. En la cuarta exposición de los impresionistas, en 1879, Zandomeneghi mostró —entre otras cosas— un retrato de Diego Martelli, quien le había presentado a Degas. Zandomeneghi participó, por invitación de Degas, en las exposiciones de los impresionistas de 1879, 1880, 1881 y 1886.

Zandomeneghi comenzó su formación artística en Venecia y Pavía. En 1862 conoció en Florencia al grupo de los *Macchiaioli* —los «pintores de manchas»—. Zandomeneghi trabajó con ellos al aire libre y se familiarizó con su técnica.

Zandomeneghi luchó en la década de 1860 con las tropas de Garibaldi por la unidad italiana y contra la dominación austriaca y francesa. En París se dedicó completamente al arte y se hizo amigo, sobre todo, de Renoir y Degas. El galerista y marchante de los impresionistas, Paul Durand-Ruel, compró las obras de Zandomeneghi.

Zandomeneghi siguió a su modelo Degas y se dedicó a la representación de mujeres jóvenes y atractivas en diversas situaciones de la vida diaria: lavándose, peinándose, maquillándose o sentadas en un jardín o en un café. Al mismo tiempo, como su compatriota De Nittis, se convirtió en un pintor paisajista a tener en cuenta. Los marchantes conocían la creciente demanda de vistas de la ciudad y de motivos de los alrededores de París cuando pedían a «sus» pintores que satisficieran las necesidades del mercado.

«La genialidad consiste en permitir que se destaque la amistad de todas las cosas al aire libre, en el mismo impulso, con las mismas ansias».
— PAUL CÉZANNE

El cuadro *Plaza de Amberes en París* hace que, con la perspectiva, la plaza parezca más grande de lo que es en realidad. La autenticidad topográfica —como suele suceder entre los pintores impresionistas— no está garantizada, pues esas «vistas» no poseen la fidelidad objetiva de las fotografías, aunque el ángulo de visión desde la espalda de una figura cortada por el límite anterior del cuadro recuerde una «instantánea» fotográfica.

La hilera de árboles en el centro de la alargada plaza lleva la mirada a la profundidad del espacio. En el centro del cuadro hay unos niños jugando, al sol; sus madres están sentadas a la derecha, a la sombra que proyectan las casas. Zandomeneghi se atreve a visualizar la luz del sol, extremadamente clara; con ella, el empedrado prácticamente resulta blanco. En la sombra predominan las notas de color: el adoquinado, de por sí gris, se reproduce con trazos —muy juntos unos de los otros— de color rojo, amarillo y blanco.

Este cuadro, extraordinariamente enérgico y fresco, hace de Zandomeneghi un pintor típicamente impresionista. Su relación con el estilo siguió siendo, con todo, frágil. En último término, Zandomeneghi desarrolló una manera individual, que parece poco comparable con principios impresionistas, sino que —con su intenso colorido— está más cercana al simbolismo de un Giovanni Segantini.

Plaza de Amberes en París, 1880
Óleo sobre lienzo, 100 x 135 cm
Piacenza, Galleria d'Arte Moderna Ricci Oddi

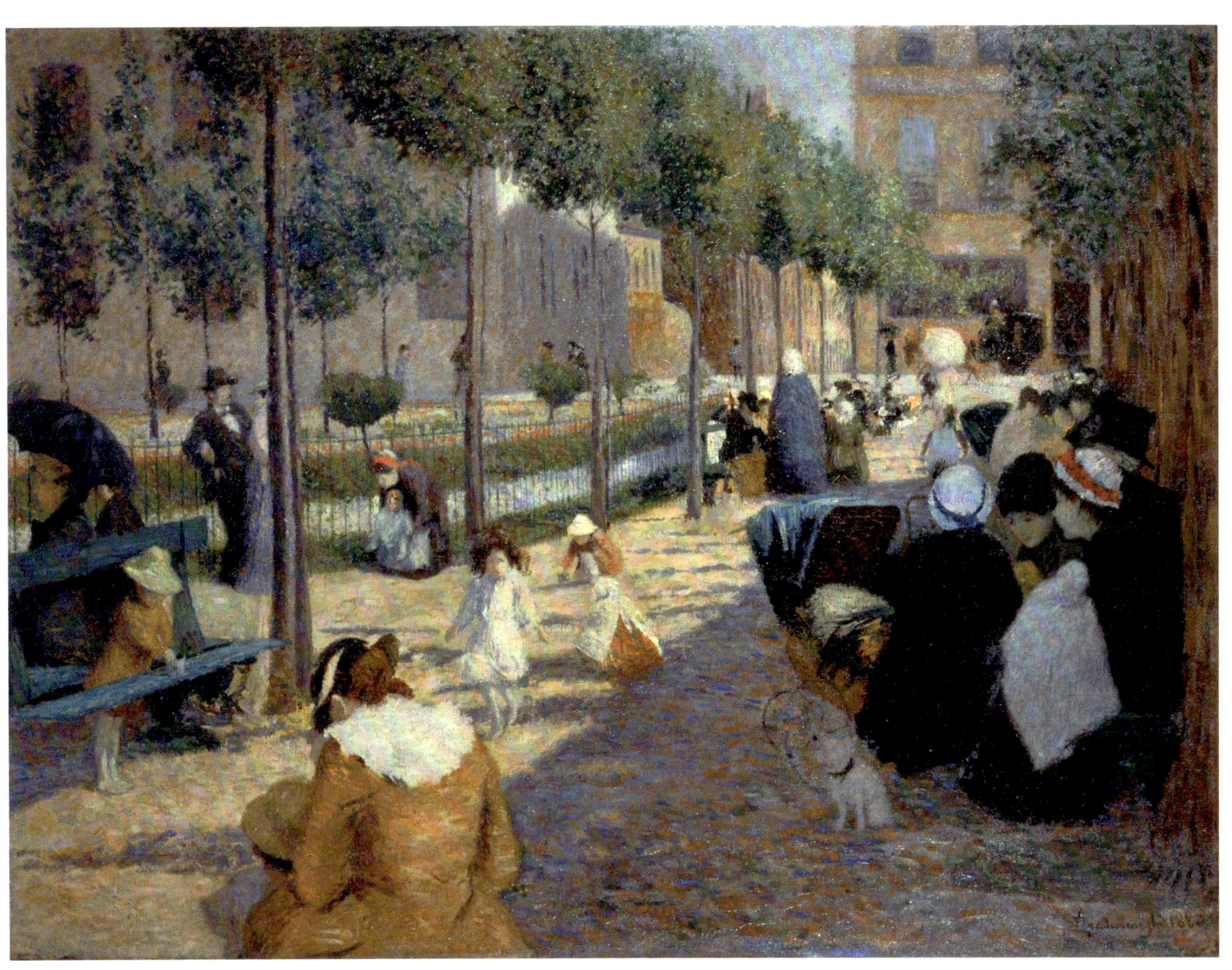

Créditos fotográficos

La editorial quiere dar las gracias a los museos, a los propietarios de las colecciones privadas, a los archivos históricos y a los fotógrafos por la autorización y el apoyo recibidos para la realización de este libro. Además de las instituciones y colecciones citadas en las leyendas de las ilustraciones, los responsables editoriales quieren también dar las gracias a:

© akg-images: 18, 29, 30 arriba, 60, 76, 77, 83, 86
© akg-images / Erich Lessing: 22, 26, 34 arriba, 44
© akg-images / Sotheby's: 45
© Artothek: 95
© Artothek – Blauel/Gnamm: 15
© Artothek – Christie's: 63
© Artothek – Peter Willi: 56 abajo
© bpk | The Metropolitan Museum of Art: 25
© bpk | RMN – Gran Palais / Adrien Didierjean: 68 abajo
© Bridgeman Images: 2, 4, 6, 9, 24, 27, 34 abajo, 36 abajo, 38, 39, 40 abajo, 46, 57, 59, 65, 87, 93, cubierta posterior
© The Courtauld Institute of Art, Londres: 78 abajo
© Detroit Institute of Arts: 31
© Fine Arts Museums of San Francisco, Legion of Honor and de Young Museums: 73
© Le musée Tavet-Delacour, Collection Musées de Pontoise: 17
© Museo de Bellas Artes de Bilbao: 43
© Colección Carmen Thyssen-Bornemisza en depósito en el Museo Thyssen-Bornemisza / Scala, Florencia: 53, 58
© 2017. Museo Thyssen-Bornemisza / Scala, Florencia: 61
© Museum Folkwang, Essen, Foto J. Nober: 68 arriba
© The National Gallery, Londres: 8, 71, 79, 89;
© The National Gallery, Londres, cedido en préstamo por la Tate, Londres: 67
© National Gallery of Art, Washington, Ailsa Mellon Bruce Collection: 23
© National Museums Liverpool: 81
© Niedersächsisches Landesmuseum Hannover: 54, 91
© Rheinisches Bildarchiv, Colonia: 21
© Foto RMN – Bulloz: 16; © Foto RMN – Hervé Lewandowski: cubierta anterior, 10, 11, 13, 33, 35, 37, 47, 85; © Foto RMN – René-Gabriel Ojéda: 19, 51
© 2017 Foto Scala, Florencia: 1, 12, 28, 42, 69
© 2017 Scala, Florencia / Foto: Philadelphia Museum of Art / Art Resource: 41, 75

La autora

Karin H. Grimme, afincada en Berlín, trabaja como historiadora, historiadora de arte y escritora para museos, exposiciones y medios, centrándose en la historia de los siglos XIX y XX y en particular en la de los judíos en Europa. Autora de numerosas publicaciones periodísticas y académicas para medios escritos, audiovisuales y multimedia, como escritora y editora ha compuesto obras sobre la burguesía judía en el siglo XIX, entre otras cosas.

CUBIERTA ANTERIOR
Paul Signac
El Palacio de los Papas en Aviñón, 1909
Óleo sobre lienzo, 73,3 x 91,9 cm
París, Musée d'Orsay

PÁGINA 1
Pierre-Auguste Renoir
Torso de mujer al sol, hacia 1875/76
Óleo sobre lienzo, 81 x 64,5 cm
París, Musée d'Orsay

PÁGINA 2
Claude Monet
Los nenúfares, 1908
Óleo sobre lienzo, 94,8 x 89,9 cm
Worcester Art Museum, Massachusetts

PÁGINA 4
Pierre-Auguste Renoir
Retrato de Claude Monet, 1875
Óleo sobre lienzo, 84 x 60,5 cm
París, Musée d'Orsay

CUBIERTA POSTERIOR
Claude Monet en su primer estudio en Giverny, hacia 1913, mostrando ***El desayuno sobre la hierba*** (1865) a un visitante
Collección particular

Pie de imprenta

CADA LIBRO DE TASCHEN SIEMBRA UNA SEMILLA
TASCHEN es una editorial neutra en emisiones de carbono. Cada año compensamos nuestras emisiones de carbono con créditos de carbono del Instituto Terra, un programa de reforestación de Minas Gerais (Brasil) fundado por Lélia y Sebastião Salgado. Para saber más sobre esta colaboración para la protección del medio ambiente, consulte www.taschen.com/zerocarbon
Inspiración: infinita. Huella de carbono: cero.

¿Quiere ver más? Visite taschen.com para consultar nuestro actual catálogo, hojear el último número de nuestra revista o suscribirse a nuestra newsletter.

Hohenzollernring 53, D–50672 Köln
www.taschen.com

Traducción: José García, Colonia

Printed in Slovakia
ISBN 978-3-8365-6300-0